Mes petites attentions

+ DE 40 PROJETS DIY À OFFRIR

14 CRÉATEURS *inspirants*

les éditions de saxe

Sommaire

14 CRÉATEURS *inspirants*

Tissage

Tricot

Carterie

Céramique

Bijoux

Cuisine

Art floral

Macramé

Broderie

Punch Needle

Cricut

AnnaB

Comment êtes-vous devenue créatrice ?

J'ai toujours été très créative, du plus loin que je me souvienne, une vraie touche à tout (perles, dessin, diy...). J'ai suivi une tout autre voie professionnelle puisque j'étais infirmière. Après 8 ans dans le médical, je me suis arrêtée une année pour m'occuper de ma fille aînée et c'est là, au détour d'un rayon chez Cultura Annecy, que j'ai découvert l'univers du crochet. J'ai appris la technique puis j'ai commencé à poster des photos sur les réseaux sociaux. L'engouement devint de plus en plus grand et ma passion aussi... C'est donc tout naturellement que j'ai ouvert mon auto-entreprise !

Où trouvez-vous votre inspiration ?

Je déborde d'idées et d'envies ! Je n'ai pas assez de temps pour aboutir à tout ce qui est dans ma tête, c'est parfois frustrant. Mes filles sont ma plus grande source d'inspiration, leurs envies, leurs jouets et surtout leurs livres (une vraie malle aux trésors !). Mes voyages m'inspirent souvent de nouvelles couleurs, formes... Et Pinterest, un site qui regorge de pépites inspirantes.

Quels conseils donneriez-vous pour se mettre à la pratique ?

Soyez patient et persévérant, le crochet est un art du fil qui ne s'apprend pas en une heure... Il faut avoir du temps devant soi et ne pas se décourager au premier loupé. L'idéal pour débuter est de se faire aider, les vidéos sont le plus parlant selon moi, c'est pourquoi j'ai développé une gamme de produits pour apprendre avec des cours vidéos. Une fois que vous aurez trouvé " le truc ", vous ne pourrez plus vous arrêter.

Vos 3 tips essentiels !

1 - Un bon crochet qui glisse et qui se tient bien en main.
2- Du fil de qualité pour un projet qui dure dans le temps.
3- Un endroit calme et apaisant pour méditer et ne penser à rien !

Une fois que vous aurez trouvé le « truc », vous ne pourrez plus vous arrêter.

Qu'est-ce qui vous fait vibrer dans votre métier ?

Le côté créatif. Imaginer et créer un amigurumi, un univers, un kit... chercher les couleurs qui vont matcher, les matières qui plairont, créer un monde autour d'un personnage... Ce que j'aime le plus, c'est voir mon idée prendre vie ! Le retour de mes clientes, souvent il me donne la pêche, l'envie de faire plus et encore mieux !

Comment vous voyez-vous évoluer demain en tant que créatrice ?

J'aime à m'imaginer dans un espace de travail plus grand dans lequel je pourrais exposer toutes mes réalisations au crochet. J'aimerais pouvoir agrandir l'équipe AnnaB pour me dégager un peu de temps et m'essayer à d'autres arts créatifs comme la broderie ou encore la poterie.

@annab.shop

Découvrez les 3 projets CROCHET de AnnaB

Dessous de verre

Réalisation en page 8

Moins d'une heure

€ €€ €€€

Le matériel

- 1 paire de ciseaux
- Perles de bois rondes 8 ou 10 mm
- 1 pelote de coton 3, 25 g (Ricorumi ou autre)
- 1 crochet 2,5
- 1 aiguille à broder

Attache-tétine perles

Réalisation en page 10

Moins d'une heure

€ €€ €€€

Le matériel

- 1 pelote 10 g de coton, coloris au choix
- 1 perle en bois alphabet
- 60 cm de fil queue de souris blanc 1 mm
- Ouate de rembourrage
- 1 paire de ciseaux
- 1 crochet 2,5
- 1 aiguille à broder
- 1 clip en bois pour attache-tétine (Comm 1 idée)

Doudou range-tétine

Réalisation en page 12

Moins de 3h

€ €€ €€€

Le matériel

- Ouate de rembourrage
- 1 paire de ciseaux
- 1 pelote de coton 3, 50 g (Ricorumi ou autre)
- Un peu de coton plus clair
- Fil à broder noir
- 1 crochet 2,5
- 1 aiguille à broder

Fournitures Créalia sauf mentions contraires.

Abréviations

- m = maille
- ms = maille serrée
- mc = maille coulée
- db = demi-bride
- dim = diminution (écoulez 2 ms ensemble)
- aug = augmentation (2 ms dans la même m)
- dim db = diminution en demi-bride
- aug db = augmentation en demi-bride
- PB = [point bubble de 3 db écoulées ensemble, 1 mc]
- aug PB = 2 points bubble dans la même m
- BAR = brin arrière
- BAV = brin avant
- *...* = répétez sur le reste du rang

Dessous de verre

@annab.shop

Moins d'une heure | € | Fournitures p. 7 | Technique crochet p. 124

Toutes les parties du dessous de verre se crochètent en spirale.

Si vous êtes à l'aise, vous pouvez continuer d'augmenter les rangs suivants pour agrandir votre ouvrage et en faire un dessous de plat par exemple.

Crochetez le dessous de verre

N'oubliez pas de faire 1 mc à la fin de chaque point bubble, elle ne compte pas comme 1 m mais elle est indispensable.

Tour 1 : 6 PB dans le cercle magique, 1 mc dans le 1er PB pour fermer le cercle – 6 *(photos 1 et 2)*
Tour 2 : 2 PB entre chaque m, 1 mc dans le 1er PB pour fermer le cercle - 12
Tour 3 : *1 PB, 1 aug PB* (×6), 1 mc dans le 1er PB pour fermer le cercle - 18
Tour 4 : *1 PB, 1 aug PB* (×9), 1 mc dans le 1er PB pour fermer le cercle - 27
Tour 5 : *2 PB, 1 aug PB* (×9), 1 mc dans le 1er PB pour fermer le cercle - 36
Tour 6 : *5 PB, 1 aug PB* (×6), 1 mc dans le 1er PB pour fermer le cercle - 42

Ne coupez pas le fil à la fin du tour 6.
Réalisez une chaînette de 130 ml qui servira à la couture des perles tout autour.

Assemblez

Choisissez 18 perles de bois de même taille.

À l'aide de l'aiguille à bout rond, passez une 1ère perle en bois dans la chaînette, sautez un espace de 1 cm sur le dernier tour et piquez l'aiguille sous le BAR d'1 m *(photos 3 et 4)*.

Continuez ainsi sur tout le tour du cercle.

Une fois les 18 perles cousues, rentrez le fil dans les m du dernier tour pour le cacher.

Coupez le fil à ras.

Attache-tétine perles

@annab.shop

Moins d'une heure | € | Fournitures p. 7 | Technique crochet p. 124

Toutes les parties de l'attache-tétine se crochètent en spirale.

Pour des raisons de sécurité, une fois l'attache-tétine terminée, elle ne doit pas dépasser 22 cm (hors tétine et clip). La taille des perles au crochet peut varier selon votre façon de crocheter, à vous d'ajuster le nombre de boules pour ne pas dépasser la taille réglementaire.

Crochetez les perles (×6)

Tour 1 : 6 ms dans le cercle magique - 6
Tour 2 : 1 aug dans chaque m - 12
Tours 3 à 5 (3 tours) : 1 ms dans chaque m - 12
Tour 6 : 6 dim - 6
Rembourrez.

Finissez par 1 mc puis coupez le fil et fermez l'ouvrage : à l'aide de l'aiguille, passez le fil fraîchement coupé dans les brins avant du dernier rang, puis tirez fermement. Rentrez le fil pour le cacher.

Assemblez

1. Coupez un morceau de fil queue de souris de 60 cm. Pliez-le en 2 et faites un nœud en formant une boucle de 4 cm. Passez vos 6 perles de crochet dans les 2 morceaux de fils aux extrémités de la boucle puis la perle alphabet en bois de votre choix *(photo 1)*.
2. Enroulez les 2 fils 2 fois dans la boucle du clip en bois, puis repassez-les à l'intérieur de la perle en bois *(photo 2)*.
3. Sortez les 2 extrémités des fils dans 1 m de la perle de crochet (côté clip en bois). Faites un double-nœud, coupez à 1 mm puis brûlez légèrement les 2 extrémités pour que le nœud ne glisse pas *(photos 3 et 4)*.
4. Rentrez le nœud dans la perle pour le cacher.

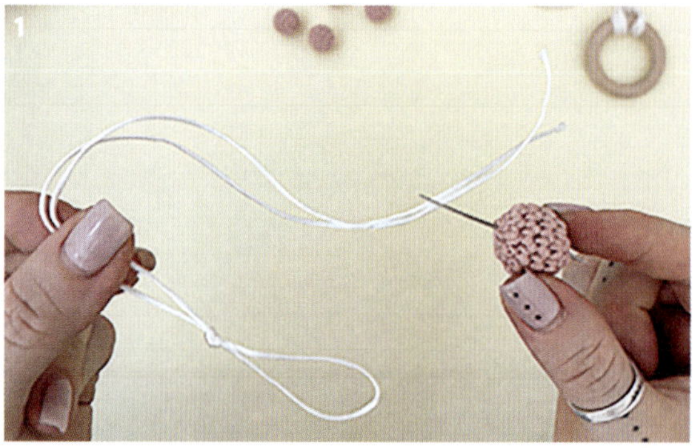
1

2

3

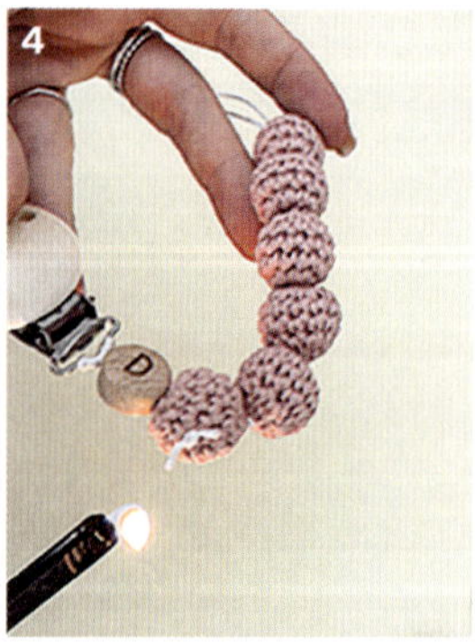
4

P
N

Doudou range-tétine

@annab.shop

Moins de 3h | € | Fournitures p. 7 | Technique crochet p. 124

Toutes les parties du doudou se crochètent en spirale sauf une partie du ventre qui se crochète en allers-retours et le museau.

Ce doudou a été conçu pour pouvoir y glisser une tétine dans son dos grâce à une ouverture mais vous pouvez tout à fait y glisser un lange par exemple.

Crochetez les différentes parties du corps

LA TÊTE

Tour 1 : 6 ms dans le cercle magique - 6
Tour 2 : 1 aug dans chaque m - 12
Tour 3 : *1 ms, 1 aug* (×6) - 18
Tour 4 : *2 ms, 1 aug* (×6) - 24
Tour 5 : *3 ms, 1 aug* (×6) - 30
Tour 6 : 2 ms, 1 aug, *4 ms, 1 aug* (×5), 2 ms - 36
Tour 7 : *5 ms, 1 aug* (×6) - 42
Tour 8 : 3 ms, 1 aug, *6 ms, 1 aug* (×5), 3 ms - 48
Tours 9 à 14 (6 tours) : 1 ms dans chaque m - 48
Tour 15 : 3 ms, 1 dim, *6 ms, 1 dim* (×5), 3 ms - 42
Tour 16 : *5 ms, 1 dim* (×6) - 36
Tour 17 : 2 ms, 1 dim, *4 ms, 1 dim* (×5), 2 ms - 30
Tour 18 : *3 ms, 1 dim* (×6) - 24
Tour 19 : *2 ms, 1 dim* (×6) - 18
Tour 20 : *1 ms, 1 dim* (×6) - 12
Rembourrez fermement.
Tour 21 : 6 dim SOUS LE BAR UNIQUEMENT - 6

Finissez par 1 mc puis coupez le fil et fermez l'ouvrage : à l'aide de l'aiguille, passez votre fil fraîchement coupé dans les brins avant du dernier rang, puis tirez fermement. Rentrez le fil pour le cacher.

LE CORPS

Toujours dans le même coloris.
Tour 1 : piquez sous le BAV du tour 20 et faites 1 aug db dans chaque BAV – 24 *(photo 1)*
Tour 2 : *1 db, 1 aug db* (×12) - 36
Tour 3 : *1 db, 1 aug db* (×18) - 54
Tour 4 : *8 db, 1 aug db* (×6), 2 ml, tournez - 60
À partir du rang 5, crochetez en allers-retours.
Rangs 5 à 18 (14 rangs) : 1 db dans chaque m, 2 ml, tournez - 60
À partir du tour 19, reprenez en spirale.
Tours 19 à 21 (3 tours) : 1 db dans chaque m - 60
Tour 22 : 30 dim db - 30
Tour 23 : *3 db, 1 dim db* (×6) - 24
Tour 24 : *2 db, 1 dim db* (×6) - 18
Tour 25 : *1 db, 1 dim db* (×6) - 12
Tour 26 : *2 db, 1 dim db* (×3) - 9
Tours 27 à 46 (20 tours) : 1 db dans chaque m - 9
Tour 47 : 4 dim ms, 1 mc - 5

Finissez par 1 mc puis coupez le fil et fermez l'ouvrage : à l'aide de l'aiguille, passez votre fil fraîchement coupé dans les brins avant du dernier rang, puis tirez fermement. Rentrez le fil pour le cacher.

Doudou range-tétine

@annab.shop

LES BRAS (× 2)

Dans le même coloris que la tête et le corps.
Tour 1 : 6 ms dans le cercle magique - 6
Tour 2 : *1 ms, 1 aug* (× 3) - 9
Tours 3 à 12 (10 rangs) : 1 ms dans chaque m - 9
Ne rembourrez pas les bras.
Pincez le dernier rang et fermez-le bord à bord par 4 ms et 1 mc.
Coupez le fil en laissant 20 cm pour l'assemblage.

L'ASSEMBLAGE DES BRAS

Cousez les 2 bras de chaque côté de la tête en vous assurant de bien placer l'ouverture du dos centrée (au milieu du dos).

LES OREILLES (× 2)

Dans le même coloris que la tête et le corps.
Tour 1 : 6 ms dans le cercle magique - 6
Tour 2 : 1 aug dans chaque m - 12
Tour 3 : *3 ms, 1 aug* (× 3) - 15
Tour 4 : 1 ms dans chaque m - 15
Ne rembourrez pas les oreilles.

Finissez par 1 mc, coupez le fil en laissant 20 cm pour l'assemblage.

L'ASSEMBLAGE DES OREILLES

Cousez les 2 oreilles de chaque côté de la tête dans l'alignement des bras sur les rangs 5 à 10 *(photo 2)*.

LE MUSEAU

Se crochète en allers-retours, laissez une longueur de fil de 20 cm au début du travail.

Dans un coloris plus clair que le reste du doudou.
Rang 1 : faites une chaînette de 9 ml + 1 ml - 9
(la dernière ml ne compte pas, elle sert juste à faire demi-tour).
Rang 2 : piquez dans la 2ème m à partir du crochet et faites 4 ms, 1 aug, 4 ms, 1 ml, tournez - 10
Rang 3 : 4 ms, 2 aug, 4 ms, 1 ml, tournez - 12
Rang 4 : *1 ms, 1 aug* (× 6), 1 ml, tournez - 18
Rang 5 : *2 ms, 1 aug* (× 6) - 24

Finissez par 1 mc, coupez le fil en laissant 30 cm pour l'assemblage.

L'ASSEMBLAGE DU MUSEAU

Vous obtenez la forme d'un arc.
Pliez en 2 le rang 1 et cousez-le pour fermer le centre de l'arc afin d'obtenir un demi-cercle *(photo 3)*.

Positionnez le museau au ras du cou du l'ourson, centré entre les 2 oreilles puis cousez-le sur tout le tour avec une couture simple.

Brodez le visage de l'ourson avec une aiguille à bout rond et du fil de coton à broder noir *(photo 4)*.

2

3

4

Atelier Camelir

Lâcher prise ! Laisser faire l'instinct !

Comment êtes-vous devenue créatrice ?

Depuis l'enfance, je suis dans cette effervescence de création et de fabrication ! C'était donc naturel d'en faire mon métier.

Où trouvez-vous votre inspiration ?

Dans la nature, le végétal m'inspire énormément et partout où je vais, là où mes yeux se posent, mon cerveau enregistre les motifs, s'approprie les couleurs et les formes pour les retranscrire en création, à l'improviste.

Quels conseils donneriez-vous pour se mettre à la pratique ?

Se faire confiance et se faire plaisir sans chercher un résultat précis.
Lâcher prise ! Laisser faire l'instinct !

Vos 3 tips essentiels !

1 - Utiliser des outils de qualité.
2 - Avoir du temps devant soi.
3 - Expérimenter les matières.

Qu'est-ce qui vous fait vibrer dans votre métier ?

Le champs infini des possibilités en matière de création. Mettre de la poésie dans les objets que je fabrique et faire pétiller les yeux des gens avec mon travail. Initier de nouveaux projets.

Comment vous voyez-vous évoluer demain en tant que créatrice ?

Proposer des workshops à l'atelier : faire des rencontres et transmettre mon savoir-faire. Écrire et concevoir un livre autour de la créativité. Collaborer avec des artisan.es qui ont les mêmes valeurs que moi.

@ateliercamelir

TÉLÉCHARGEZ LES GABARITS

Découvrez les 3 projets COUTURE CUIR d'Atelier Camelir

Étiquette à bagage

Réalisation en page 18

Entre 1h et 2h

€ €€ **€€€**

Le matériel

- 1 tournevis de perforation
- 1 alêne
- 1 set de poinçon alphabet
- 1 cutter
- 1 paire de ciseaux à papier
- 1 plaque de coupe
- 1 stylo bille

Les fournitures

- 1 coupon de cuir tannage végétal de 23 × 32 cm
- 1 anneau porte-clé

Pochette ipad

Réalisation en page 20

Entre 2h et 3h

€ €€ **€€€**

Le matériel

- 1 set de poinçon alphabet
- 1 tournevis de perforation
- 1 set de perforateur 2 et 6 dents
- 1 set de couture travail du cuir (aiguille et fil)
- 1 alêne
- 1 cutter
- 1 règle
- 1 paire de ciseaux à papier
- 1 plaque de coupe
- 1 stylo bille
- 1 marteau
- Des pinces à dessins ou des pinces à linge

Les fournitures

- 2 coupons de cuir tannage végétal 23 × 32 cm

Vide-poche

Réalisation en page 22

Entre 1h et 2h

€ €€ **€€€**

Le matériel

- 1 tournevis de perforation
- 1 set de perforateur 2 et 6 dents
- 1 alêne
- 1 cutter
- 1 paire de ciseaux à papier
- 1 plaque de coupe
- 1 stylo bille
- 1 marteau
- Des pinces à dessins

Les fournitures

- 1 coupon de cuir tannage végétal 23 × 32 cm
- 1 lot de rivets

Fournitures Créalia.

TÉLÉCHARGEZ LE GABARIT

Étiquette à bagage

@ateliercamelir

Entre 1h et 2h | €€€ | Fournitures p. 17

1. Découpez le gabarit avec les ciseaux papier et tracez-le sur l'envers du cuir (partie velours) avec le stylo bille.
2. Sur la plaque de coupe, découpez le cuir avec le cutter en suivant le tracé au stylo *(photo 1)*.
3. Posez l'étiquette découpée, endroit face à vous, posez le gabarit dessus et marquez le centre du repère avec l'alêne *(photo 2)*.
4. Installez l'embout de 4 mm de diamètre sur le tournevis de perforation et perforez le cuir à l'endroit du repère *(photo 3)*.
5. Inscrivez les coordonnées choisies sur l'étiquette grâce aux poinçons alphabet *(photo 4)*.
6. Glissez l'anneau porte-clé dans le trou de l'étiquette *(photo 5)*.

1

2

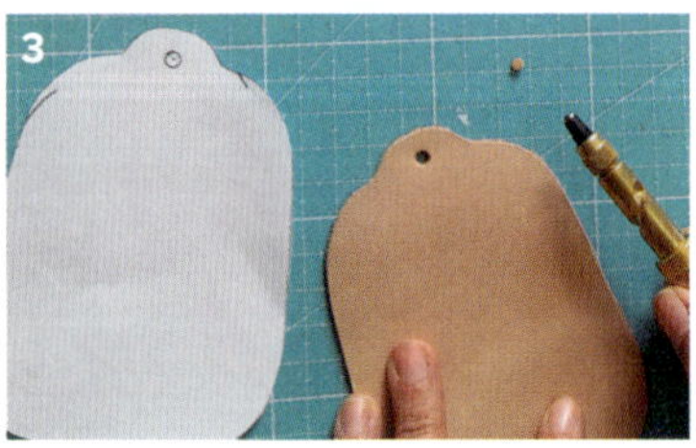

3

4

5

LEA JARDIN
5 RUE DES
ACACIAS
38350 MONTAGNE

TÉLÉCHARGEZ LE GABARIT

Pochette ipad

@ateliercamelir

Entre 2h et 3h | €€€ | Fournitures p. 17

1. Découpez le gabarit avec les ciseaux à papier et tracez-le sur l'envers du cuir (partie velours) avec le stylo bille.

2. Sur la plaque de coupe, découpez au cutter les 2 faces de la pochette dans les 2 coupons de cuir, en suivant le tracé au stylo.

3. Dans une chute, coupez 1 pièce de 4 × 26 cm.

Astuce | *Tenez le cutter près de la lame pour éviter de déraper et créer des accrocs dans la bordure de la pochette.*

4. Arrondissez les angles en suivant le gabarit de la patte pochette et poinçonnez les 4 repères avec l'alêne.

5. Coupez 60 cm de fil. Enfilez le fil à double sur une aiguille et cousez la patte sur le dos de la pochette. Faites 1 nœud avec le fil sur l'envers, une fois cousu *(photo 1)*.

6. Avec l'alêne, poinçonnez les repères A-B-C-D et les trous du motif fleur du devant de la pochette. Installez l'embout de 2 mm de diamètre sur le tournevis de perforation. Perforez chaque trou préalablement poinçonné avec le tournevis.

7. Coupez 200 cm de fil, enfilez une aiguille à double et brodez les pétales en partant du centre *(photo 2)*.

Astuce | *Perforez, si besoin, d'autres trous au cœur de la fleur pour équilibrer les passages de fil.*

8. Une fois la totalité du fil terminé, recoupez du fil et répétez l'opération jusqu'à ce que les pétales soient remplis à votre convenance.

9. À l'aide d'un cutter et d'une règle, coupez le passage de la patte de fermeture, soit du repère A vers B et du repère C vers D.

10. À l'aide des poinçons alphabet, inscrivez le mot de votre choix sous la fleur brodée *(photo 3)*.

1

2

3

4

11. Superposez le dos et le devant de la pochette, envers contre envers, et maintenez-les avec des pinces.

12. À l'aide du perforateur à dents, poinçonnez les 3 côtés de la pochette qui seront cousus.

Astuce | *Utilisez le perforateur 6 dents pour les grandes lignes droites et celui à 2 dents pour les angles arrondis.*

13. Coupez 315 cm de fil, enfilez 1 aiguille à chaque extrémité et cousez les 3 côtés de la pochette selon la technique du point sellier *(photo 4)*.

ENJOY

TÉLÉCHARGEZ LE GABARIT

Vide-poche

@ateliercamelir

Entre 1h et 2h | €€€ | Fournitures p. 17

1. Découpez le gabarit avec les ciseaux à papier et tracez-le sur l'envers du cuir (partie velours) avec le stylo bille *(photo 1)*.

2. Sur la plaque de coupe, découpez le cuir avec le cutter en suivant le tracé au stylo.

Astuce | *Tenez le cutter près de la lame pour éviter de déraper et créer des accrocs dans la bordure du vide-poche.*

3. Posez le vide-poche à plat, endroit face à vous, posez le gabarit dessus et poinçonnez les repères avec l'alêne *(photo 2)*. Installez l'embout de 4 mm de diamètre sur le tournevis de perforation. Perforez le cuir à l'endroit des repères.

4. Positionnez le gabarit sur l'endroit du cuir, vous pouvez le maintenir avec des pinces à dessins. Dessinez le motif végétal avec les perforateurs à dents *(photo 3)*. Utilisez le 6 dents pour les lignes droites et le 2 dents pour les feuilles.

5. Ôtez le gabarit, mettez en forme le vide-poche, superposez les trous *(photo 4)*.

6. Insérez les rivets dans chaque trou et clipsez-les. Sertissez les rivets avec un marteau ou une pince à rivet.

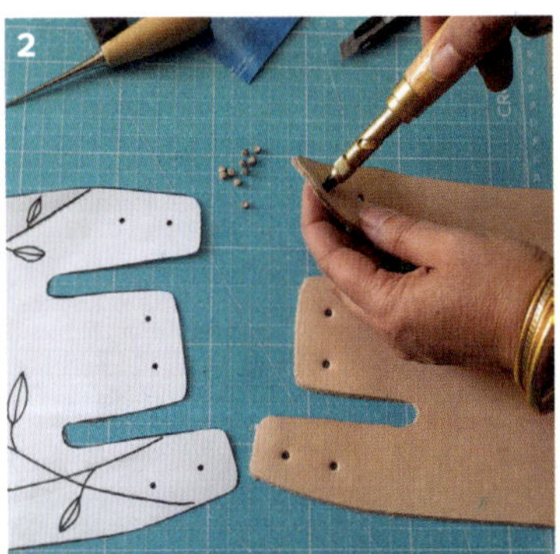

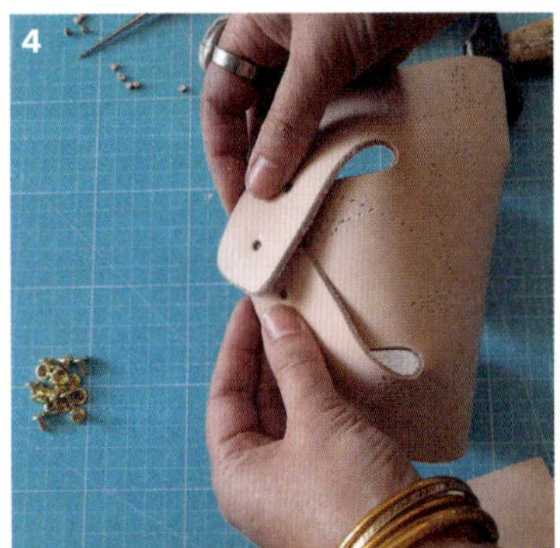

Atelier Miinsa

Comment êtes-vous devenue créatrice ?

La créativité a toujours été en moi mais dès lors que j'ai commencé la couture, ce fut une vraie révélation si bien que j'en fais mon métier aujourd'hui, après 11 ans dans le secteur bancaire.

Où trouvez-vous votre inspiration ?

Ma source principale est Pinterest. Mais je m'inspire aussi énormément des défilés haute couture et des styles vestimentaires que je peux voir autour de moi : sorties en extérieur, magasins etc...

Quels conseils donneriez-vous pour se mettre à la pratique ?

D'être bien équipé. Rien ne vaut du bon matériel pour prendre confiance et continuer dans votre domaine de prédilection. Commencez également par des projets très simples pour maîtriser les bases.

Vos 3 tips essentiels !

1 - Oser : ça ne marchera pas à tous les coups, mais cela ne fera que grandir votre expérience.
2 - Prendre son temps, soigner les finitions. Cela vous rendra d'autant plus fier.
3 - Lors d'un gros projet couture, je répartis les tâches sur plusieurs jours. Un jour, je coupe, un autre jour, je couds et je termine toujours sur une étape réussie avant de fermer mon atelier. Cela évite les erreurs et le fait de trop y penser avant le coucher ☺.

Prendre son temps, soigner les finitions.

Qu'est-ce qui vous fait vibrer dans votre métier ?

Les belles matières.
La satisfaction du fait-main. Créer un vêtement/accessoire en quelques heures.
Associer les couleurs pour un ensemble harmonieux.

Comment vous voyez-vous évoluer demain en tant que créatrice ?

Cela fait maintenant 1 an que j'ai démissionné de mon poste. Je souhaite donc continuer sur ma lancée en tant que professeure de couture et, en parallèle, dans la création de contenus sur les réseaux. Prochain gros projet : me lancer dans le modélisme.

@atelier.miinsa

Découvrez les 3 projets COUTURE
de Atelier Miinsa

Bavoir

Réalisation en page 26

30 min

€ €€ €€€

Le matériel

- 30 × 40 cm de coton
- 30 × 40 cm de tissu éponge
- 1 bouton-pression (partie mâle et femelle) + outil de pose

Sac banane

Réalisation en page 28

Moins d'une heure

€ €€ €€€

Le matériel

- 40 × 40 cm de cuir et/ou tissu simili (+ de 0,3 mm d'épaisseur)
- 1,40 m de sangle noire de 3 cm de large
- 1 boucle de ceinture de 3 cm de large
- 1 fermoir doré

Trousse de toilette

Réalisation en page 30

Moins d'une heure

€ €€ €€€

Le matériel

- 50 × 50 cm de tissu matelassé double
- 50 cm de fermeture à glissière au mètre et son curseur

TÉLÉCHARGEZ LE GABARIT

Bavoir

@atelier.miinsa

30 min | € | Fournitures p. 25

Coupe des pièces

Les marges de couture sont comprises et sont de 1 cm.

Dans le coton et le tissu éponge, coupez : 1 pièce " bavoir ".

Montage

Après avoir noté tous les repères (repère d'ouverture + repère pose pression), superposez les 2 pièces bavoir, endroit contre endroit. Cousez à 1 cm tout autour, sauf au niveau des 2 repères cotés. L'ouverture servira à retourner le bavoir sur l'endroit. Une fois cousu, dégarnissez les angles et crantez les arrondis *(photos 1 et 2)*.

Retournez le bavoir sur l'endroit. Rentrez les marges puis faites un point invisible à la main pour refermer l'ouverture *(photo 3)*.

Posez le bouton-pression aux endroits indiqués *(photo 4)*.

Sac banane

@atelier.miinsa

Moins d'une heure | €€ | Fournitures p. 25

Coupe des pièces

Les marges de couture sont comprises et sont de 5 mm.

Dans le cuir/simili, coupez :
- 1 pièce " sac "
- 2 pièces " côté du sac "

Montage

Prenez une des pièces " coté du sac ", puis positionnez la 1ère extrémité sur le repère (le plus long), de la pièce " sac ", envers contre envers. Cousez à 5 mm du bord en ayant la vue sur la pièce " coté du sac ".
Il est très important de respecter cela car, une fois parvenu à l'arrondi, il faudra coudre tout autour en pivotant cette pièce.

Astuce | *Lorsque vous commencez à tourner, piquez l'aiguille dans le tissu, soulevez le pied-presseur et pivotez la pièce " coté du sac ". Faites-le tant que nécessaire jusqu'à finir l'arrondi. Puis cousez normalement jusqu'à la 2ème extrémité de la pièce " coté du sac " (photo 1).*

Faites de même pour la 2ème pièce " coté du sac ".

N'hésitez pas à recouper les bords pour obtenir de belles finitions.

Ensuite, pliez le haut du sac, envers contre envers, en faisant correspondre les 2 autres repères. Cela vous amène à surpiquer à 1 cm du pli formé *(photo 2)*.

Préparez la ceinture avec la sangle. Essayez-là sur vous afin d'avoir la bonne longueur et laissez environ 20 cm de marge afin de la régler une fois la banane terminée.

Posez un œillet sur l'une des extrémités et ce, à 3 cm du bord. Insérez la boucle grâce à l'œillet, pliez puis cousez la sangle au point bourdon afin que cette dernière soit bien bloquée *(photo 3)*.

Sur l'autre extrémité, posez des œillets tous les 5 cm et faites un point bourdon sur tout le bord.

Enfin, passez la sangle sur le dos de la banane et posez le fermoir sur le devant *(photo 4)*.

1

2

3

JMA
JMA

TÉLÉCHARGEZ LE GABARIT

Trousse de toilette

@atelier.miinsa

Moins d'une heure | € | Fournitures p. 25

Coupe des pièces

Les marges de couture sont comprises et sont de 1 cm.

Dans le tissu matelassé, coupez 1 pièce " trousse de toilette ".

Montage

Surfilez/surjetez les longs côtés. Posez la fermeture à glissière sur les longs côtés, endroit contre endroit. Repassez. Surpiquez le long de la fermeture si nécessaire *(photo 1)*.

Ouvrez légèrement la fermeture à glissière. Pliez la trousse de façon que la fermeture soit bien au milieu. Cousez à chaque extrémité puis surfilez/surjetez *(photo 2)*.

Pincez la trousse puis piquez à 1 cm. De cette façon, la couture se retrouve à la perpendiculaire par rapport à la couture précédente. Faites la même chose pour les 3 autres côtés. Surfilez/surjetez *(photos 3 et 4)*.

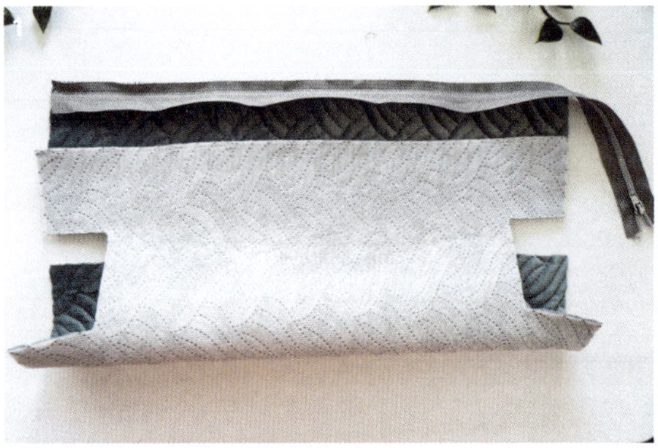

Live in Woodland breathe the wild air

Cosy Jungle

Comment êtes-vous devenue créatrice ?

Après avoir testé couture, crochet, tricot, c'est avec le tissage que j'ai eu un coup de cœur créatif. Après trois ans dans mon atelier, j'ai créé " Cosy Jungle " pour confirmer mon amour pour cette technique formidable. L'artisanat, et les valeurs qu'implique le fait-main, est un véritable mode de vie que je me suis approprié depuis. J'ai d'ailleurs eu le grand plaisir de devenir Artisane d'Art en 2022.

Où trouvez-vous votre inspiration ?

Pour créer mes tissages sur-mesure, je m'aligne sur les envies de mes clients en m'inspirant de leur histoire, de la Nature qui nous entoure, mais aussi des matières artisanales françaises et locales que j'utilise. Leur texture, leur composition, les contrastes... C'est un vrai engagement de ma part. Faire évoluer petit à petit le monde vers un mode de vie plus responsable et durable est un chemin passionnant...

Quels conseils donneriez-vous pour se mettre à la pratique ?

Essayez et recommencez mais toujours sans pression ! Je vous donne des indications dans ces tutoriels, mais n'hésitez pas à les adapter selon vos envies et vos couleurs. La base ? Placez toujours le plaisir au cœur de votre inspiration.

Vos 3 tips essentiels !

1 - Se faire plaisir.
2- S'amuser.
3- Et... oublier le temps qui passe ☺ !

Placez toujours le plaisir au cœur de votre inspiration.

Qu'est-ce qui vous fait vibrer dans votre métier ?

Les rencontres sont au cœur de mon métier : je suis à la recherche de matières artisanales françaises, en circuit court, ce sont donc de beaux parcours que je découvre à chaque fois ! Je réalise des tentures murales éthiques pour des intérieurs durables et intemporels : pouvoir créer en partageant mes valeurs est une grande satisfaction. Innover à chaque nouveau projet est une chance dont je profite à chaque instant !

Comment vous voyez-vous évoluer demain en tant que créatrice ?

J'aime à créer des pièces multi-techniques : tissage/céramique, tissage/bois-brûlé, tissage/teinture naturelle, tissage rond... Je me partagerai donc entre tous ces nouveaux projets, mes commandes sur-mesure et les ateliers créatifs que je propose pour transmettre mon savoir-faire. Des projets sont en cours pour travailler avec des hôtels, gîtes de charme et décoratrices d'intérieurs, pour imaginer ensemble de beaux espaces.

@_cosyjungle_

Découvrez les 3 projets TISSAGE
de Cosy Jungle

Bijou de mur

Réalisation en page 34

2h

€ **€€** €€€

Le matériel

- 1 cercle de rotin de 15 cm de diamètre
- 1 coton câblé 0,5 mm pour le fil de chaîne ou une ficelle très fine
- 5 à 10 m d'une sélection de laines et cordes dans les couleurs de votre choix
- 1 paire de ciseaux
- Facultatif : une aiguille à tissage (avec un gros chas) et fleurs séchées

Mobile d'éveil bébé

Réalisation en page 36

Plus de 2h

€ €€ **€€€**

Le matériel

- 4 cercles en métal de 10 cm de diamètre
- 1 grand cercle de métal de 30 cm de diamètre
- 1 fil de coton câblé 0,5 mm pour le fil de chaîne
- 1 pelote de laine blanche et 1 pelote de laine indigo
- 1 ficelle/cordelette blanche
- 1 paire de ciseaux
- 1 aiguille à tissage et 1 aiguille classique
- 1 pistolet à colle
- Du thermocollant
- Facultatif : papier, compas, règle et crayon

Ensemble coasters

Réalisation en page 38

Plus de 2h

€ **€€** €€€

Le matériel

Pour 5 coasters

- 1 grand cercle en métal de 30 cm de diamètre
- 1 coton câblé de 0,5 mm pour le fil de chaîne
- 2 pelotes de cordes de couleurs différentes
- 1 paire de ciseaux
- 1 feuille de thermocollant & fer à repasser
- 1 crayon à papier
- 1 aiguille à tissage avec un gros chas
- Facultatif : fil à coudre et aiguille

Bijou de mur

@_cosyjungle_

2h | €€ | Fournitures p. 33

Montez le fil de chaîne

Pour créer la trame, faites un double-nœud serré sur le bord de votre cercle. Tendez le fil vers le bord opposé, en coupant le cercle en 2. Entourez le cercle puis revenez vers le point de départ, en allant vers la gauche. Entourez le bord du cercle de nouveau, puis remontez vers la droite, redescendez à gauche etc. en espaçant les fils de 2 cm environ *(photo 1)*.

Finissez le montage du fil

Continuez à entourer les fils autour du rotin, en formant une roue de vélo. Vous devez avoir un nombre impair de rayons dans votre cercle. Comptez les points de chute du fil sur le cercle pour le confirmer. Faites atterrir le fil sur le double-nœud originel : faites un double-nœud pour fixer le fil avec le point de départ *(photos 2 et 3)*.

Démarrez et réalisez le tissage

Faites passer la laine par-dessus les 2 fils de chaîne d'un même rayon, puis par-dessous les 2 fils suivants et ainsi de suite *(photo 4)*. Resserrez la laine vers le centre pour la "tasser". Répétez ce mouvement " dessus/dessous " pour remplir tout le cercle. Tassez régulièrement. Laissez dépasser 1 cm de laine sur l'envers lorsqu'un fil se termine.

Pour changer de laine : la laine A se termine sur l'envers, reprenez votre mouvement avec votre laine B comme si de rien n'était. L'espace entre les 2 laines sera comblé au 2e passage de laine *(photo 5)*.

Finalisez le tissage

Remplissez le cercle de laine en tissant jusqu'au bord. Alternez les laines et les matières : laissez-vous guider par ce temps suspendu pour créer une attention unique. Une fois votre cercle rempli, coupez les fils qui dépassent à 0,5 cm sur l'envers. Piquez des fleurs si vous le souhaitez *(photo 6)*. Votre bijou de mur pourra être suspendu ou posé sur une étagère une fois offert.

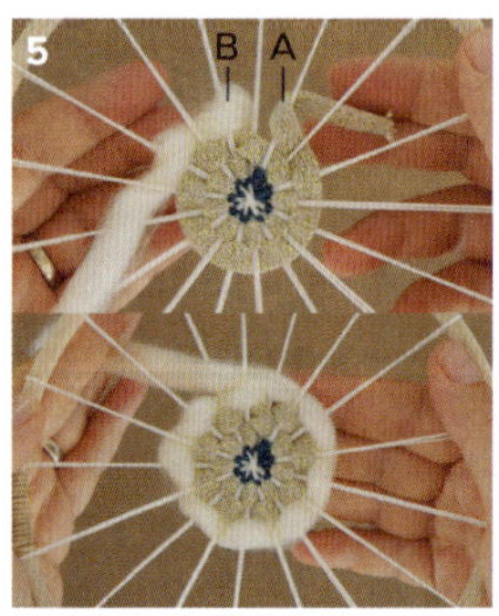

Astuces | *Avant de démarrer, faites votre sélection de laines et coupez des longueurs différentes ! Votre tissage se créera tout seul en alternant les fils. Vous pouvez ajouter des franges à votre création pour lui donner un air d'attrape-rêves.*

mt

Mobile d'éveil bébé

@_cosyjungle_

Plus de 2h | €€€ | Fournitures p. 33

Préparez le travail

Entourez le grand cercle de corde. Faites un nœud au départ pour maintenir votre fil, entourez le cercle et revenez au 1er nœud : serrez, coupez à ras et mettez un point de colle pour maintenir *(photo 1)*.
Montez le fil de chaîne comme décrit pour le bijou de mur pour chacun des petits cercles. Mettez de côté le grand cercle qui servira de support.

Tissez les 2 cercles : demi et cible

Cercle Demi : tissez la moitié avec de la laine blanche en vous arrêtant au milieu des fils de chaîne et en repartant dans l'autre sens. Tissez l'autre moitié en bleu *(photo 2)*.

Cercle Cible : tissez en blanc sur 1 cm, en partant du centre. Puis, alternez 2 rangs bleus et 2 rangs blancs afin de créer un motif de cercles concentriques.

Tissez les 2 cercles : sablier et œil

Cercle Œil : tissez en bleu au centre sur 2 cm. Tissez 2 rangs blancs, puis 3 bleus et complétez par du blanc *(photo 3)*.

Cercle Sablier : comme pour le modèle " Demi ", tissez les fils blanc et bleu en vous arrêtant sur le fil de chaîne afin de créer un motif triangulaire.
Tissez chaque triangle en totalité avant de démarrer le suivant. Thermocollez l'envers des petits cercles *(voir tuto dessous de verre)*.

Assemblez la suspension

Coupez 40 cm de cordelette pour chaque petit cercle. Avec l'aiguille, passez la cordelette au centre de chaque tissage et rejoignez-la sur elle-même autour du grand cercle, pour obtenir 20 cm de hauteur *(photo 4)*. Faites un double-nœud autour du grand cercle pour suspendre ainsi les 4 tissages *(photo 5)*. Espacez-les régulièrement pour équilibrer le mobile.

Coupez 4 longueurs de cordelette de 50 cm et attachez-les aux 4 points opposés du grand cercle. Nouez tous les fils ensemble au centre, puis faites une tresse sur 5 cm. Séparez-la en 2 et terminez par un nœud à l'extrémité de chaque tresse pour adapter l'accrochage *(photo 6)*.

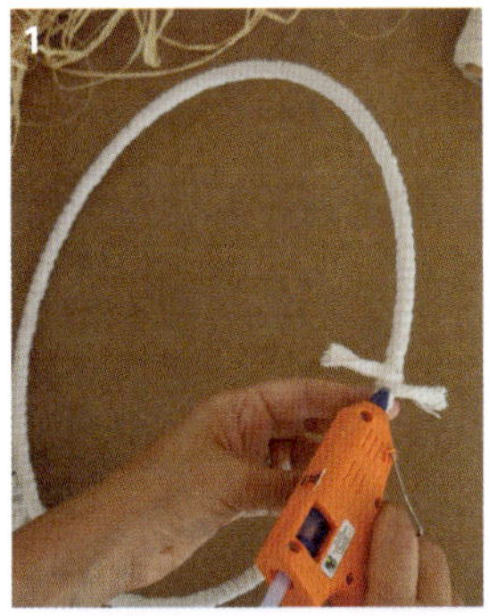

Astuce | Avant de faire le double-nœud sur le grand cercle, assurez-vous que l'équilibre du mobile sera respecté et harmonieux.
Pour un réflexe zéro déchet, utilisez les restes de fils : vous pouvez créer un pompon de laine que vous suspendrez au centre par exemple.

Ensemble coasters

@_cosyjungle_

Plus de 2h | €€ | Fournitures p. 33

Montez le cercle

Montez le fil de chaîne sur le grand cercle *(voir tuto bijou de mur)*, il sera le support pour tous les coasters. Tissez un 1er dessous de verre, enlevez-le puis remontez le fil de chaîne pour le 2ème coaster…

Une fois le 1er coaster tissé, il doit vous rester 10 cm entre le bord du cercle et le tissage. Coupez tous les fils de chaîne au ras du cercle de métal.
Prenez 2 paires de fils de chaîne et faites un nœud (sur l'envers), en écrasant le dernier rang de laine. Refaites un nœud. Procédez ainsi avec tous les fils qui dépassent. Pour les 3 derniers fils, attachez-les ensemble *(photos 1 et 2)*.

Tissez les 4 petits dessous de verre

Créez des tissages de 10 cm de diamètre selon l'étape précédente. Mélangez les couleurs, tissez 2 fils en même temps ou bien faites 1 rang sur 2 pour créer des rayures par exemple ou totalement unis pour un effet pantone. Une fois les coasters terminés, rabattez les fils de chaîne sur l'envers, repassez *(photo 3)*.

Tissez le grand coaster

Remontez le fil de chaîne sur le grand cercle et tissez sur 20 cm de diamètre environ. Afin d'éviter de jeter de la matière, vous pouvez ici intégrer tous les fils qu'il vous reste et créer ainsi un tissage unique reprenant les couleurs de vos dessous de verre ! Arrivé à 5 cm du bord, coupez les fils comme à l'étape 1 et nouez-les tous afin de maintenir votre tissage bien serré *(photos 4 et 5)*.

Procédez aux finitions

Posez vos réalisations à l'envers sur la feuille de thermocollant et dessinez le contour au crayon rapidement. Découpez les formes obtenues sur le thermocollant. Placez tous vos tissages sur l'envers. Repassez pour maintenir les fils à plat. Posez alors le thermocollant sur chacun des tissages : il ne doit pas dépasser tout en recouvrant tous les fils. Repassez chaque tissage sans l'écraser *(photo 6)*.

Astuce | *Une fois le crayonné fait sur le thermocollant, je vous conseille d'enlever environ 0,5 cm tout autour pour vous assurer, qu'une fois collé, il ne dépassera pas. Il serait très difficile de le retirer ensuite.*

Juliette Michelet

Ne vous posez pas trop de questions !

@juliettemichelet

Comment êtes-vous devenue créatrice ?

Je suis devenue créatrice grâce à plusieurs années en école d'art, mais je m'intéresse aux arts du fil depuis toujours !
Je n'ai compris qu'assez tard dans mes études que créateur pouvait devenir un métier, maintenant j'en profite chaque jour et je crée mon propre rythme de vie en freelance !

Où trouvez-vous votre inspiration ?

Je trouve mon inspiration partout dans les petits détails de la vie, mais aussi lors de voyages. C'est un entraînement, il faut prendre le temps d'observer ce qui nous entoure.

Quels conseils donneriez-vous pour se mettre à la pratique ?

Ne vous posez pas trop de questions ! Lancez vous !
Trouvez du matériel qui vous plaît, une laine qui vous fait envie et commencez. Il faut un petit peu de temps pour comprendre la technique, mais n'hésitez pas à regarder des vidéos explicatives, demandez de l'aide à quelqu'un qui connait cette technique, inscrivez-vous aux ateliers lors de salons...

Vos 3 tips essentiels !

1 - Des aiguilles circulaires, indispensables pour avoir un meilleur confort de tricot.
2- Une belle laine, toute douce, avec une jolie couleur...
3- S'installer confortablement, avec un thé et quelque chose à grignoter !

Qu'est-ce qui vous fait vibrer dans votre métier ?

La recherche permanente de nouvelles créations en variant les techniques, et les échanges avec la communauté tricot et broderie.

Comment vous voyez-vous évoluer demain en tant que créatrice ?

Je pense continuer comme aujourd'hui en travaillant sur de nombreuses missions pour l'édition, la mode, l'événementiel, prête à accueillir de nouveaux projets !

Découvrez les 3 projets TRICOT
de Juliette Michelet

Turban

Réalisation en page 42

Plus de 2h

€ €€ **€€€**

Le matériel

- Aiguilles droites ou circulaires 4 mm
- 1 aiguille à laine
- 1 paire de ciseaux

Les fournitures

- Laine Plassard Algasoie × 2 pelotes, coloris 23

Échantillon

10 × 10 cm
36 mailles × 26 rangs en côtes 1/1

Chouchous

Réalisation en page 44

Plus de 2h

€ €€ €€€

Le matériel

- Aiguilles droites ou circulaires 3 mm
- 1 aiguille à laine
- 1 paire de ciseaux

Les fournitures

- Laine Plassard Gong × 1 pelote par chouchou, coloris 210 et 272
- 0,5 × 14 cm d'élastique par chouchou

Échantillon

10 × 10 cm
25 mailles × 34 rangs en jersey

Chèche

Réalisation en page 46

Plus de 2h

€ **€€** €€€

Le matériel

- Aiguilles circulaires 5 mm
- 2 marqueurs de maille
- 1 aiguille à laine
- 1 paire de ciseaux

Les fournitures

- Laine Plassard Primo × 3 pelotes, coloris 02

Échantillon

10 × 10 cm
14 mailles × 25 rangs au point mousse

Turban

@juliettemichelet

Plus de 2h | €€€ | Fournitures p. 41 | Technique tricot p. 126

1. Dans la réalisation de ce modèle, doublez le fil, c'est à dire tricotez en tenant 2 brins à la fois du début des 2 pelotes *(photo 1)*.
   Montez 36 mailles. Tricotez en côtes 1/1, c'est à dire 1 maille endroit, 1 maille envers, à répéter jusqu'à la fin du rang. Au début du 2ème rang et pour tous les autres rangs, commencez par 1 maille endroit et continuez avec 1 maille envers, 1 maille endroit, 1 maille envers... Tricotez jusqu'à obtenir une bande de 95 cm.
2. Pour la mise en forme du turban, croisez les 2 extrémités *(photo 2)*.
3. Repliez les extrémités vers le haut et épinglez si besoin. Cousez la ligne centrale et les côtés avec le fil à double sur l'aiguille à laine. Vous venez de créer le haut du turban *(photo 3)*.
4. Faites quelques points autour de la torsade afin d'éviter les trous *(photo 4)*.

1

2

3

4

Chouchous

@juliettemichelet

Plus de 2h | € | Fournitures p. 41 | Technique tricot p. 126

1. Montez 28 mailles et tricotez en jersey pour obtenir une bande de 40 cm *(photo 1)*.

Le jersey : Alternez 1 rang de mailles endroit, 1 rang de mailles envers.

2. Pliez la bande en 2, endroit contre endroit ou envers contre envers, en fonction du côté que vous préférez. Faites une petite couture comme un point avant en réalisant des petits points d'environ 5 mm. Commencez la couture à 3 cm du bord et laissez 3 cm à la fin sans couture. Retournez le tube *(photo 2)*.

3. Faites une couture sur la bordure. N'hésitez pas à épingler si besoin *(photo 3)*.

4. Glissez l'élastique à l'intérieur du tube pour le resserrer et faites un nœud solide. N'hésitez pas à bien tirer dessus pour voir s'il tient bien. Faites une couture pour fermer l'ouverture du chouchou *(photo 4)*.

Astuce | Si vous avez une machine à coudre, vous pouvez l'utiliser pour réaliser les coutures !

1

2

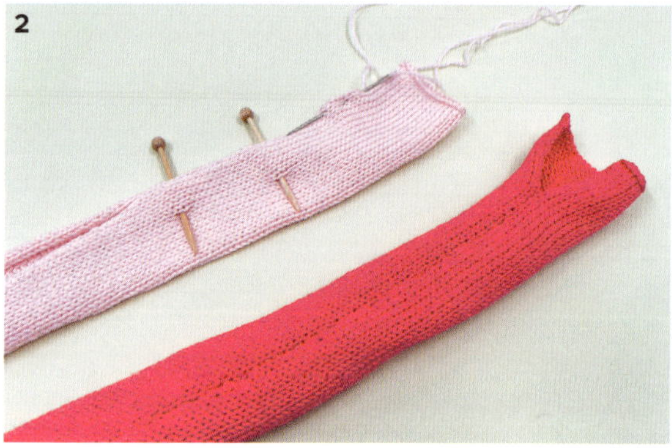

3

4

Chèche

@juliettemichelet

Plus de 2h | €€ | Fournitures p. 41 | Technique tricot p. 126

Faire un jeté

Dans ces photos pas à pas, je vous montre le seul point technique pour réaliser le chèche : Le jeté.
Il permet de créer un petit trou aux endroits choisis ainsi qu'une augmentation.
Voici les étapes :

1. Vous êtes ici sur le rang de montage et vous commencez votre 1er rang. Tricotez la 1ère maille à l'endroit, le fil est à l'arrière *(photo 1)*.

2. Déplacez le fil entre les 2 aiguilles pour le placer devant vous *(photo 2)*.

3. Tricotez la maille suivante normalement à l'endroit. On peut voir que le jeté s'est formé entre les 2 mailles. Continuez de tricoter le rang en créant les jetés suivants comme indiqué dans les explications ci-après *(photo 3)*.

4. Au rang suivant, tricotez la 1ère maille. Comme à chaque début de rang, faites 1 jeté. Placez le fil devant vous et tricotez la maille suivante à l'endroit. Vous allez vous rendre compte que la maille suivante n'est pas identique aux autres. En effet, c'est le jeté du rang précédent. Tricotez-le comme 1 maille normale. On peut voir apparaître un petit trou *(photo 4)*.

1

2

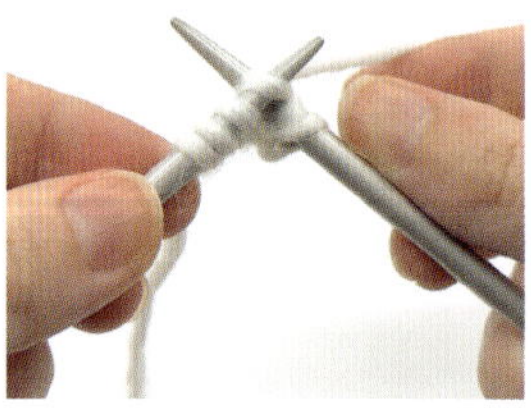

3

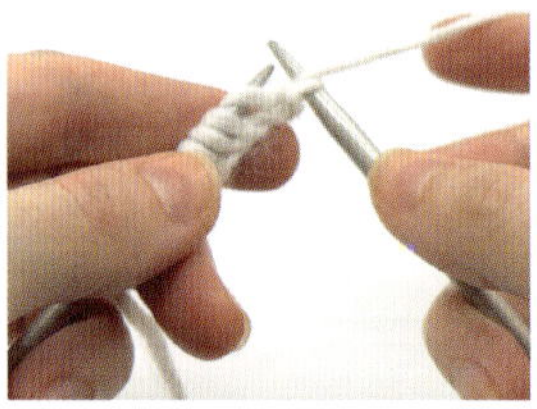

4

Le chèche se tricote au point mousse, c'est-à-dire que tous les rangs sont tricotés à l'endroit.

Montez 5 mailles.

R1 : tricotez 1 maille, 1 jeté, 1 maille, 1 jeté, placez 1 marqueur, 1 maille, 1 jeté, 1 maille, 1 jeté, 1 maille.
R2 : tricotez 1 maille, 1 jeté, tricotez les mailles jusqu'à l'avant-dernière maille. Faites 1 jeté, tricotez la dernière maille.

Tricotez les 3 pelotes les unes à la suite des autres, selon les instructions ci-dessous :

Les rangs impairs : tricotez la 1ère maille, faites 1 jeté, tricotez toutes les mailles jusqu'au marqueur, faites 1 jeté, glissez le marqueur, tricotez la maille qui se situe entre les 2 marqueurs, glissez le 2nd marqueur, faites 1 jeté, tricotez toutes les mailles sauf la dernière, faites 1 jeté et tricotez la dernière maille du rang.

Vous réalisez 4 jetés sur les rangs impairs, donc 4 augmentations.

Les rangs pairs : tricotez la 1ère maille, faites 1 jeté, tricotez toutes les mailles sauf la dernière, faites 1 jeté, tricotez la dernière maille.
Lors de ce rang, glissez tout simplement les 2 marqueurs lorsqu'ils se présentent. Ils servent surtout de repères pour réaliser les jetés lors des rangs impairs.

Vous réalisez 2 jetés sur les rangs pairs, donc 2 augmentations.

Lorsqu'il vous reste 3 m de fil, rabattez les mailles souplement.

Si vous le souhaitez, vous pouvez bloquer votre ouvrage pour lui donner sa forme finale. Placez le tricot dans votre lavabo préalablement rempli d'eau tiède avec un peu de lessive pour laine. Laissez tremper une petite heure. Essorez délicatement le tricot et placez-le à plat sur une grande serviette pour le faire sécher.

Les ptits bonheurs de Mani

Comment êtes-vous devenue créatrice ?

Enseignante pendant 10 ans, j'ai commencé à créer pour mon fils quand il est né. Imaginer, recycler, créer, rêver... ce sont 4 mots qui ont toujours fait partie de mon quotidien ! Mais partager mes créations sur les réseaux sociaux aura été le début de cette belle aventure de créatrice.

Où trouvez-vous votre inspiration ?

Je puise mon inspiration dans mon quotidien... à travers ma passion pour la décoration et les objets singuliers qui la composent... dans la nature ; c'est une merveilleuse source d'inspiration... à travers les saisons, les matières, les couleurs, les textures qu'elle propose !
De jolis mots doux croisés au détour d'une lecture, d'une balade pourront être le point de départ d'une nouvelle pièce...

Quels conseils donneriez-vous pour se mettre à la pratique ?

Oser se lancer et croire en soi... s'accrocher... s'acharner... et travailler ! Beaucoup... énormément... pas si simple ! Et pourtant, ces quelques mots sont la clé de la réussite.

Vos 3 tips essentiels !

1 - Prendre plaisir et apprécier chaque petit bonheur ! Comme une philosophie de vie qui m'inspire pour créer.
2 - Rester fidèle à soi-même... avoir sa pâte... son univers.
3 - Savoir se renouveler.

Prendre plaisir et apprécier chaque petit bonheur !

Qu'est-ce qui vous fait vibrer dans votre métier ?

Ce qui me fait vibrer, c'est pouvoir donner vie à mes idées... créer sans limites... participer à des événements inspirants... y rencontrer mes clients... transmettre cette passion lors de mes ateliers, des moments de partage si précieux... co-créer des capsules à 4 mains... donner vie à des projets uniques...
C'est un métier de passion qui me permet de vivre la vie professionnelle dont je rêve...

Comment vous voyez-vous évoluer demain en tant que créatrice ?

J'aimerais pouvoir vivre encore de mes créations le plus longtemps possible... continuer à partager à travers mes ateliers...

Mon dernier projet né il y a plus d'un an dans mes rêves et qui a pris vie en 2023, " Ma fugue créative " ! Une retraite créative destinée à rassembler un groupe de femmes osant s'accorder une parenthèse dans un quotidien à mille à l'heure... respirer, souffler, se reconnecter à soi et aux autres, échanger, créer... Liberté, créativité, sororité, le temps d'un week-end...

Perdurer mon festival lyonnais " Le temps des familles ", un bel événement pour petits et grands qui réunit depuis 2017, des créateurs talentueux venant de toute la France dans un esprit bienveillant, simple et familial.

@lesptitsbonheursdemani

Découvrez les 3 projets CARTERIE
des Ptits bonheurs de Mani

Marque-places

Réalisation en page 50

1h

€ €€ €€€

Le matériel

- 1 pince plate
- 1 pince coupante
- 1 pistolet à cire
- 1 tampon pour réaliser le sceau de cire

Les fournitures

- 1 feuille de papier type Canson
- Du fil aluminium doré diamètre 1 mm
- Quelques tiges de fleurs séchées (lagurus, avoine, broom bloom, fougère)
- Bâton de cire nacrée
- Quelques feuilles d'or

Carte anniversaire

Réalisation en page 52

1h

€ €€ €€€

Le matériel

- 1 pince plate
- 1 pince coupante
- 1 grosse aiguille

Les fournitures

- 1 carte double coloris kraft
- 1 feuille de calque
- 1 rouleau de masking tape
- Des confettis
- Des paillettes en forme d'étoiles
- Un petit tube de poudre de paillettes
- Du fil aluminium doré diamètre 1 mm
- Quelques tiges de fleurs séchées dans un camaïeu de couleurs assorties au masking tape choisi (lagurus, broom bloom, hortensias par exemple)

Faire-part

Réalisation en page 54

1h

€ €€ €€€

Le matériel

- 1 pince plate
- 1 pince coupante
- 1 pistolet à cire
- 1 tampon pour réaliser le sceau de cire

Les fournitures

- 1 carte double coloris kraft
- 1 feuille de calque
- Du fil aluminium doré diamètre 1 mm
- Quelques tiges de fleurs séchées (lagurus, avoine, broom bloom, fougère)
- Un bâton de cire nacrée
- Quelques feuilles d'or

Fournitures Créalia et Aladine.

Marque-places

@lesptitsbonheursdemani

1h | €€ | Fournitures p. 49

1. Écrivez le prénom de votre choix sur une feuille pour créez votre gabarit. Conservez 4 cm de fil avant de commencer à écrire les prénoms avec le fil aluminium en suivant le gabarit et à l'aide de la pince plate. Coupez le fil à la fin du prénom avec la pince coupante. Essayez d'écrire le plus petit possible en tenant compte de l'épaisseur du fil *(photo 1)*.
2. Découpez de petits rectangles de la taille des prénoms en déchirant la feuille avec une règle, vous pouvez poser chaque prénom sur la feuille pour définir la taille de chaque morceau *(photo 2)*.
3. Posez quelques tiges de fleurs autour du morceau de fil lisse conservé précédemment. Attention à bien réserver l'espace d'un petit cercle équivalent à la taille du tampon *(photo 3)*.
4. Faites chauffer le pistolet à colle et une fois prêt, réalisez un petit rond avec la cire, déposez quelques feuilles d'or et tamponnez-le. Il doit y avoir de la cire sur le fil aluminium et sur les mini-tiges des fleurs pour maintenir et coller le tout *(photo 4)* !

Vos jolis marque-places sur mesure sont prêts !

Maman
Berenice
Antoine
Guillaume
Lola

Carte anniversaire

@lesptitsbonheursdemani

1h | €€ | Fournitures p. 49

1. Rassemblez le matériel *(photo 1)*.
2. Imprimez le carton d'invitation avec le prénom et l'âge de l'enfant. Découpez un morceau de calque de 7,5 × 8 cm *(photo 2)*.
À l'aide du masking tape, fermez les côtés pour former une petite pochette !
3. Mettez les confettis et les paillettes dans la pochette de calque. Fermez le haut de la pochette avec un morceau de masking tape, et pour que ce soit plus harmonieux, faites de même sur le dernier côté apparent.
Utilisez le fil aluminium pour réaliser un petit cœur doré à l'aide de la pince plate, en prenant soin de garder 1 cm de fil de chaque côté du cœur. Pliez ce petit morceau en angle droit pour pouvoir l'enfoncer et le fixer dans la carte *(photo 3)*.
4. À l'aide d'une aiguille, percez la carte pour pouvoir insérer le cœur. Ouvrez les fils derrière la carte pour le fixer. Collez la pochette de confettis avec un peu de colle liquide ou avec le pistolet à colle chaude.
Réalisez un mini bouquet de fleurs séchées. Et fixez-le également avec de la colle chaude à cheval sur la pochette et le carton d'invitation *(photo 4)*.

4

1

2

3

Le ptit plus de Mani

Ce modèle est personnalisable à l'infini !
Pour des occasions différentes : anniversaires, mariages, baptêmes…
Il vous suffit d'adapter le texte à imprimer sur la carte, les couleurs du masking tape, des confettis, des paillettes, des fleurs…

Charline
6 ANS

Faire-part

@lesptitsbonheursdemani

1h | €€ | Fournitures p. 49

1. Choisissez le texte pour le carton d'invitation. Imprimez-le sur la feuille de Canson blanc. J'ai choisi d'imprimer également la date en bas à droite de la carte. Vous pouvez également l'écrire à la main avec un marqueur noir fin *(photo 1)*.

2. Écrivez les initiales des futurs mariés sous la forme : M&G, dans l'esprit d'un logo, avec le fil aluminium doré. Pensez à laisser 4-5 cm avant la $1^{\text{ère}}$ lettre et après la $2^{\text{ème}}$!
Aidez-vous de la pince plate si besoin pour former certaines lettres *(photo 2)*.
Découpez le calque à la dimension souhaitée pour qu'il recouvre une partie de la carte (devant et derrière).

3. Composez un mini bouquet de fleurs. Courbez les extrémités des initiales en angle droit afin qu'elles puissent être fixées sur la carte *(photo 3)*.

4. Percez 2 mini-trous à l'aide d'une aiguille. Faites passer les initiales dans la carte et la feuille de calque, et pliez derrière pour maintenir les lettres ! Placez votre bouquet en bas à droite de la carte, un peu en biais sur l'angle du calque.

5. Faites couler la cire dessus avec le pistolet à cire en formant un rond. Et posez le tampon sur la cire pour former le sceau de cire. La cire doit recouvrir l'angle entre le calque et la carte en kraft et les tiges du mini bouquet *(photo 4)*.

1

2

3

4

M&G
22.07.2023

Lucile Carli

N'ayez pas peur de ne pas « savoir-faire »

Comment êtes-vous devenue créatrice ?

J'ai toujours baigné les mains dans la terre, et ce, depuis toute petite ! J'ai débuté les cours de modelage à l'âge de 6 ans et c'est à cet âge que je suis littéralement tombée amoureuse de la matière. À partir de ce moment-là, je n'ai plus jamais arrêté de patouiller dans la gadoue ! À la fin de mes études en Métiers d'Art, Arts textiles et Céramiques, j'ai eu l'opportunité de réaliser un stage auprès d'une artisane céramiste. C'est à cette même période que j'ai succombé à la délicatesse de la porcelaine et ai décidé d'en faire ma matière de prédilection. Aujourd'hui, j'ai fondé mon entreprise à mon nom " Lucile Carli " et je fais grandir jour après jour mon atelier de céramique en continuant ainsi de faire vivre cette passion qui m'a toujours animée.

Où trouvez-vous votre inspiration ?

Je trouve mon inspiration dans la nature et les différentes textures que l'on peut y rencontrer. J'aime jouer avec la porcelaine brute et la contraster avec différentes couleurs ou textures.

Quels conseils donneriez-vous pour se mettre à la pratique ?

Bien travailler sa terre en amont. En effet, il est important de pétrir et de malaxer sa terre avant de l'utiliser, cela permet d'éviter les bulles d'air par exemple. Reboucher les fissures dès qu'elles apparaissent. Ne pas négliger le temps de séchage.

Vos 3 tips essentiels !

1 - Lancez vous ! N'ayez pas peur de ne pas " savoir-faire ", l'argile est très malléable.
2 - Faites vous confiance ! Certains gestes viendront naturellement et votre inspiration va grandir à mesure que vous manipulerez la terre.
3 - Expérimentez ! Prenez différents outils, essayez, découvrez...

Qu'est-ce qui vous fait vibrer dans votre métier ?

Je dirais la création au sens large ainsi que la diversité de ce métier. J'aime l'idée de partir d'un tas de porcelaine souple et être en mesure de créer de mes propres mains une pièce finie et utilisable. Ce métier est pour moi un vrai métier passion !

Comment vous voyez-vous évoluer demain en tant que créatrice ?

Je suis encore une toute jeune céramiste à mon compte ! J'aimerais continuer à faire grandir ma marque, me faire connaître et faire découvrir mon travail. Dans le futur, j'aimerais pouvoir avoir un atelier avec suffisamment d'espace pour partager ma pratique et accueillir du monde pour y donner des cours.

@lucilecarli_ceramic

Découvrez les 3 projets CÉRAMIQUE de Lucile Carli

Diffuseur

Réalisation en page 58

Mois d'une heure

€ €€ **€€€**

Le matériel

- 1 Rouleau en bois
- Tapis de modelage en silicone ou planche en bois
- 2 tasseaux en bois
- Rouleaux de modelage textures
- Set 8 outils de poterie
- Emporte-pièce de 8 cm
- 1 paire de ciseaux

Les fournitures

- 250 g d'argile naturelle autodurcissante extra-blanche
- Fils beiges
- Perles en bois 10 mm et 15 mm

Tags

Réalisation en page 60

Mois d'une heure

€ €€ **€€€**

Le matériel

- 1 Rouleau en bois
- Tapis de modelage en silicone ou planche en bois
- 2 tasseaux en bois
- Divers tampons
- Set 8 outils de poterie
- Lot de 5 emporte-pièces ronds
- 1 paire de ciseaux
- Pinceau
- Tampons alphabet de modelage

Les fournitures

- 250 g d'argile naturelle autodurcissante extra-blanche
- Divers fils
- Peinture

Pot suspendu

Réalisation en page 62

Entre 1h et 2h

€ €€ **€€€**

Le matériel

- Tapis de modelage en silicone ou planche en bois
- Set 8 outils de poterie

Les fournitures

- 5 kg d'argile naturelle autodurcissante extra-blanche
- 1 fil de macramé fin et 1 fil épais
- 1 rond en bois macramé

Fournitures Créalia

Diffuseur

@lucilecarli_ceramic

Moins d'une heure | €€€ | Fournitures p. 57

1. À l'aide de 2 tasseaux et d'un rouleau en bois, étalez la terre de façon homogène pour former une plaque *(photo 1)*.
2. Appliquez ensuite le rouleau de la texture de votre choix sur la longueur de la plaque. Faites attention à maintenir la même pression en le roulant afin d'obtenir un motif uniforme *(photo 2)*.
3. Avec un emporte-pièce, formez un rond. Créez ensuite 2 trous de part et d'autre puis laissez la pièce sécher à l'air libre *(photo 3)*.
4. Une fois sèche, réalisez le montage du diffuseur. Dans un 1er temps, réalisez 1 pompon pour le bas de celui-ci, puis enfilez 2 perles sur un 2nd fil. Nouez les 2 à la partie en argile en passant par les 2 trous *(photo 4)*.

1

2

3

4

Astuce | *Pour reboucher les fissures, créez, dans un petit pot hermétique, une pâte que l'on appelle de la " barbotine ". Pour cela, mélangez de la terre et de l'eau jusqu'à obtenir une consistance de crème fraîche. Cette pâte servira de " colle " à appliquer pour reboucher les fissures ou coller des morceaux de terre dans les interstices.*

Tags

@lucilecarli_ceramic

Moins d'une heure | €€€ | Fournitures p. 57

1. À l'aide de 2 tasseaux et d'un rouleau en bois, étalez la terre de façon homogène pour former une plaque *(photo 1)*.

2. Créez ensuite des motifs grâce aux divers tampons. Dans un 2nd temps, appliquez les lettres pour former les mots que vous souhaitez (prénoms, citations…) *(photo 2)*. Laissez libre cours à votre imagination !

3. Avec un emporte-pièce, formez un rond (ou des formes libres en fonction de la longueur des mots et du motif). Créez ensuite les trous puis laissez la pièce sécher à l'air libre *(photo 3)*.

4. Une fois sèche, appliquez, si vous le souhaitez, un peu de couleur au creux des motifs. Après un 2nd temps de séchage, réalisez le montage à l'aide de divers fils *(photo 4)*.

ROMAIN
FAMILLE
DOUCET
MERCI
FAIT
AVEC

Pot suspendu

@lucilecarli_ceramic

Entre 1h et 2h | €€€ | Fournitures p. 57

1. Dans un 1er temps, pétrissez la terre et malaxez-la entre vos doigts pour bien la détendre. Après avoir formé une boule, percez-la avec vos 2 pouces. Pour obtenir la forme, montez petit à petit les parois de la boule en les pinçant pour les rendre de plus en plus fines et de plus en plus hautes *(photo 1)*.

2. Une fois la forme obtenue, lissez la surface à l'aide d'une éponge et colmatez, si besoin, les fissures avec un outil en bois. N'oubliez pas, avec un ébauchoir, de percer un trou de chaque côté pour pouvoir par la suite le suspendre *(photo 2)*.

3. Avec un outil en bois, tracez des lignes pour imprimer un motif sur votre cache-pot. Partez du bas et arrêtez-vous avant la bordure. Pour le séchage, couvrez bien la création avec un plastique pour lui permettre de sécher en douceur et d'éviter ainsi les fissures *(photo 3)*.

4. Une fois la pièce bien sèche, munissez-vous d'un fil un peu épais et d'un autre plus fin. Coupez 2 longueurs égales de fil épais et passez-les dans chaque trou. Nouez ensuite les 4 extrémités à l'anneau en bois. Pour finir, tournez autour du nœud avec le fil plus fin pour le cacher *(photo 4)*.

Astuce | *Durant le séchage, l'eau contenue dans l'argile va s'évaporer. Cela peut alors provoquer, si ce processus se fait trop rapidement, des fissures. Il est alors important de venir faire sécher les pièces les plus complexes de façon délicate. Pour cela, il suffit de les recouvrir d'un plastique et de venir petit à petit l'ouvrir. Le séchage se fait alors en douceur et ne provoque pas de fissures.*

1
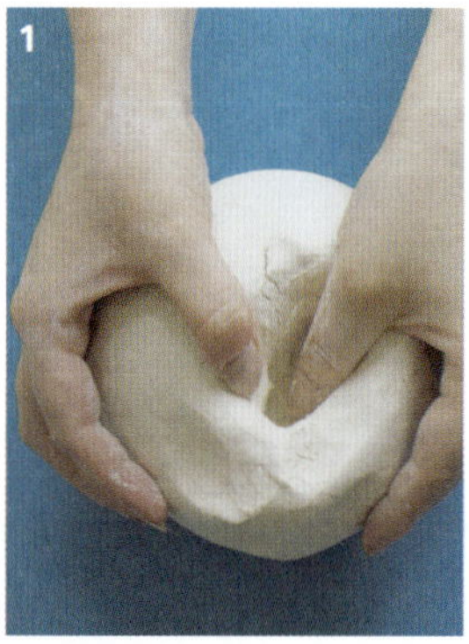

2

3

4

Maellinet

Comment êtes-vous devenue créatrice ?

De mémoire, j'ai toujours été créative. Petite, je confectionnais déjà des bijoux en perles pour mes Barbies. J'ai des poignets très fins et tous les bijoux que je trouvais étaient trop grands pour moi, je me suis alors dit, pourquoi ne pas les faire moi-même ? Inspirée lors d'un salon de loisirs créatifs, j'ai acheté les bonnes fournitures, participé à un atelier pour acquérir les bons gestes, puis je ne me suis plus arrêtée.

Où trouvez-vous votre inspiration ?

Beaucoup sur Pinterest, mais aussi de marques de bijoux ou de prêt-à-porter. Certaines associations de couleurs, de la nature, un détail architectural lors de mes balades sont de grandes sources d'inspiration aussi, alors levez les yeux et restez curieux(ses).

Quels conseils donneriez-vous pour se mettre à la pratique ?

Avec le bon matériel, c'est toujours beaucoup plus simple. Quand on débute, on ne veut pas forcément investir dans du matériel mais la qualité fait la différence, et cette qualité est maintenant accessible plus facilement. Tout simplement, essayez ce qui vous attire... et appropriez-vous la technique. Participez à des ateliers... c'est toujours plus simple quand on regarde faire et que l'on pratique en même temps. Ces ateliers permettent également d'échanger ses petites astuces, c'est très enrichissant.

Vos 3 tips essentiels !

1 - Être patient.
2 - Accepter que ce ne soit pas parfait du premier coup ou même jamais... et essayer à nouveau.
3 - Et surtout s'amuser.

Accepter que ce ne soit pas parfait du premier coup ou même jamais...

Qu'est-ce qui vous fait vibrer dans votre métier ?

La création n'est pas mon métier principal mais elle prend de plus en plus de place... un jour peut-être.
Le fait de toujours apprendre quelque chose de nouveau...
Le partage avec d'autres créatrices et les échanges avec les élèves de mes ateliers.
Tout simplement travailler avec des matières que j'aime selon l'inspiration du moment.

Comment vous voyez-vous évoluer demain en tant que créatrice ?

Plus d'ateliers pour partager mes passions, d'autres participations à des livres car c'est une aventure fantastique, continuer à travailler de jolies matières, découvrir de nouvelles techniques, des collaborations avec d'autres créatrices.

@maellinet

Découvrez les 3 projets BIJOUX de Maellinet

Bracelets façon manchette

Réalisation en page 66

Entre 1h et 2h

€ €€ €€€

Le matériel

- 1 paire de ciseaux
- 1 mètre ruban
- 1 pince clip (optionnel)

Les fournitures

- 1 paquet de perles Heishi – mélange Terracotta *
- Du fil nylon élastique 3,59 *
- Des pompons assortis *

Maxi boucles d'oreilles

Réalisation en page 68

Entre 1h et 2h

€ €€ €€€

Le matériel

- 1 emporte-pièce rond
- Des spatules en bois ou bâtonnets de glace
- Des pinces à bijoux
- Des bâtonnets en bois
- 1 rouleau en acrylique
- 1 lame de rasoir ou un couteau fin

Les fournitures

- 1 paquet de pâte Fimo, Caramel
- 1 cure-dent
- Des anneaux ouverts de 3 et 6 mm *
- Des attaches de boucles d'oreilles *

Bijou de téléphone

Réalisation en page 70

Entre 1h et 2h

€ €€ €€€

Le matériel

- Des pinces pour bijoux
- 1 paire de ciseaux
- 1 briquet

Les fournitures

- Des perles alphabet carrés, Blanc/Doré *
- 150 fixations perles à écraser de 2 mm, Or *
- Mélange de perles Heishi 06 mm et tubes, Bleu *
- 1 kit bracelet maillons, Turquoise *
- 6 fermoirs à visser de 7 mm, Or *
- 1 bobine de fil torsadé effet soie 0,5 mm × 60 m, Turquoise *

** Fournitures Créalia*

Bracelets façon manchette

@maellinet

Entre 1h et 2h | €€ | Fournitures p. 65

1. Mesurez le fil élastique à la longueur de votre poignet et ajoutez 10 cm à cette mesure (pour faciliter la réalisation du nœud).
2. Placez la pince clip à une extrémité du fil (cela évitera aux perles de tomber pendant l'enfilage *(photo 1)*.
3. Une fois toutes les perles enfilées, faites un nœud *(photos 2 et 3)*. Voici une technique pour réaliser un nœud avec un fil élastique :
   - Commencez à former le nœud mais sans trop serrer.
   - Repassez le fil dans la boucle puis serrez le nœud.
   - Recommencez l'opération pour sécuriser le nœud.
4. Coupez les fils et faites-le glisser dans les perles pour cacher le nœud *(photo 4)*.
5. Recommencez avec les autres bracelets. Pour obtenir une jolie manchette, alternez avec les perles du mélange, ajoutez des pompons ou autres petits pendentifs, coquillages...

1

3

4

BOURJOIS
PARIS

Maxi boucles d'oreilles

@maellinet

Entre 1h et 2h | €€ | Fournitures p. 65

1. Prenez la moitié du pain de Fimo, malaxez la pâte pour la ramollir et formez un long serpentin de pâte *(photo 1)*.
2. Formez un arc avec différents morceaux de serpentin. Collez les serpentins entre eux délicatement pour ne pas les déformer. Pour de jolies finitions droites, servez-vous des bâtonnets. Égalisez les arcs avec la lame de rasoir.
3. Prenez un nouveau morceau de pâte pour former les parties rondes des boucles d'oreilles. Étalez la pâte grâce au rouleau, en plaçant les bâtonnets de chaque côté pour obtenir une épaisseur uniforme *(photo 2)*.
4. À l'aide du cure-dent, formez des trous suffisamment près du bord pour pouvoir passer les anneaux *(photo 3)*.
5. Passez les différentes pièces au four à 110°C pendant 30 min et laissez bien refroidir.
6. Ouvrez les anneaux de 6 mm et assemblez les différentes pièces *(photo 4)*.

1

2

3

4

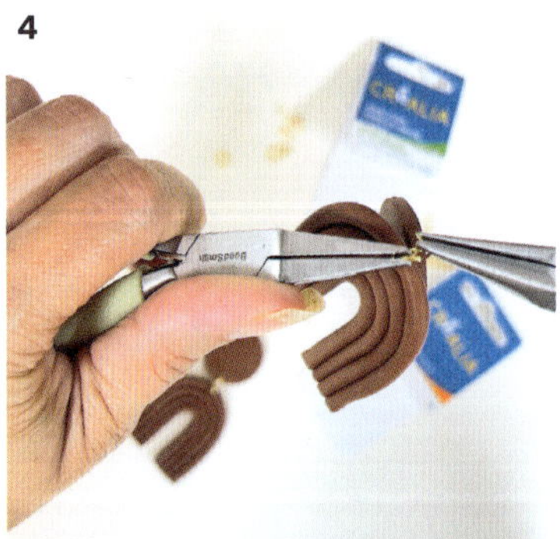

Bijou de téléphone

@maellinet

Entre 1h et 2h | €€€ | Fournitures p. 65

1. Formez la 1ère partie de la chaîne en assemblant les maillons du kit bracelet *(photo 1)*.
2. Coupez 80 cm de fil. Pliez le fil en 2. Faites une boucle de 4 cm environ en laissant 15 cm de fil d'un côté *(photo 2)*.
3. Placez quelques perles Heishi du côté du fil le plus court, puis 1 perle à écraser.
4. Passez le fil dans le 1er maillon en acrylique puis de nouveau dans la perle à écraser et quelques perles Heishi *(photo 3)*.
5. Avec une pince à bijoux, écrasez la perle. La chaîne est alors attachée. Coupez le fil. Continuez avec l'autre côté du fil et enfilez les perles Heishi, les perles naturelles et les perles nacrées comme vous le souhaitez pour arriver à la même longueur que la chaîne maillons.
6. Fixez une nouvelle perle à écraser. Passez le fil dans le dernier maillon, puis de nouveau dans la perle à écraser, et dans quelques perles Heishi. Écrasez la perle. Coupez les fils.
7. Réalisez le grigri en utilisant un fermoir à visser. Coupez 20 cm de fil. Pliez-le en 2. Faites un nœud d'alouette pour fixer le fil au fermoir *(photo 4)*.
8. Enfilez les perles alphabets et quelques perles pour décorer. Finissez par 1 perle nacrée et 1 rondelle dorée. Faites 2 nœuds. Coupez les fils puis brûlez-les à l'aide du briquet ou bien laissez-les pendre.

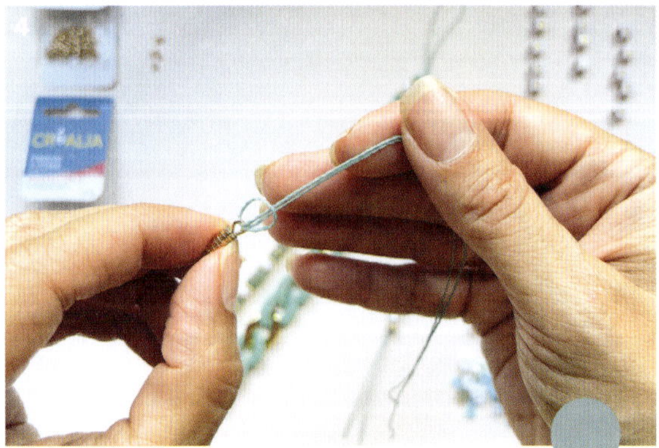

SMILE

Les petites miettes

Avec certitude et de l'entraînement, tout le monde peut y arriver !

@lespetitesmiettes

Comment êtes-vous devenue créatrice ?

C'est pour le premier anniversaire des mes jumeaux en 2014, que j'ai confectionné mes premières pâtisseries personnalisées, ce fut une révélation ! J'avais enfin trouvé le métier me permettant d'exploiter mon côté artistique, créatif et manuel qui sommeillait en moi depuis si longtemps. Depuis aussi loin que je m'en souvienne, j'ai toujours créé de mes mains, fabriqué des tas d'objets miniatures, peint, modelé, dessiné, cousu et j'en passe.
3 ans plus tard je retournais sur les bancs de l'école pour ma reconversion en pâtisserie et crée " Les Petites Miettes ".
Vivre de ses mains, une grande fierté !

Où trouvez-vous votre inspiration ?

L'inspiration me vient de tout ce qui m'entoure et tout le temps, là-haut ça ne s'arrête jamais ! Que ce soit via la mode, la photo, les textures, les palettes de couleur... Je suis en constante recherche d'originalité et surtout en quête de l'effet WoW de mes clients à la découverte de leur commande !

Quels conseils donneriez-vous pour se mettre à la pratique ?

Ne pas craindre de mal faire, qu'au début, cela soit moins joli qu'espéré. Les premières créations ne sont pas toujours conformes à nos attentes. Lorsque je regarde les photos de mes débuts que je trouvais à l'époque plutôt réussis, l'évolution me fait dire que finalement ils ne l'étaient pas vraiment. Travail trop grossier et manque de techniques.
Je me rends compte que la persévérance et la pratique m'ont amenée progressivement à un tout autre niveau, à un travail essentiellement dans le détail et la minutie.
Avec certitude et de l'entraînement, tout le monde peut y arriver.

Vos 3 tips essentiels !

1 - Être patient.
2 - Pratiquer régulièrement.
3 - S'autoriser à faire des erreurs, c'est souvent mieux la fois d'après !

Qu'est-ce qui vous fait vibrer dans votre métier ?

La création, le côté artistique et le travail de mes mains. Il y a une chose toujours satisfaisante à voir, la transformation des produits.
Quand je vois mon pâton de pâte à biscuits telle une vulgaire boule de farine et d'œufs et le résultat qu'il en résulte ; de jolis sablés finement décorés à la main, je trouve ça carrément dingue !

Découvrez les 3 RECETTES
de Les petites miettes

Sablés messages glacés

Réalisation en page 74

Moins d'1h
Temps de repos : 1h

€ €€ €€€

Le matériel

- 1 balance
- 1 saladier
- 1 rouleau à pâtisserie
- 1 lot de lettres empreintes
- 1 tapis de cuisson perforé (silpain) ou du papier sulfurisé
- Des réglettes de 0,7 cm environ pour étaler la pâte uniformément
- Des petits sachets plastique

Les ingrédients

- 250 g de farine T55
- 125 g de sucre
- 125 g de beurre
- 15 g de maïzena
- 1 œuf
- 2 pincées de sel

Glaçage et décoration

- 150 g de sucre glace
- Quelques gouttes de jus de citron
- 1 blanc d'œuf
- Des pétales de fleurs séchées comestibles

Madeleines à la rose

Réalisation en page 76

1h
Temps de repos : 6h

€ €€ €€€

Le matériel

- Moules à madeleines en métal
- 1 balance
- 1 robot pâtissier ou un saladier
- 1 fouet
- 1 pinceau pâtissier
- 1 poche à douille (optionnel)

Les ingrédients

Pour 24 madeleines

- 135 g de beurre
- 140 g de sucre
- 3 œufs
- 125 g de farine
- 1 cc bombée de levure chimique
- 1 cc de fleur de sel
- 1 cs huile neutre (arachide ou pépins de raisins)
- 50 g de lait 1/2 écrémé
- 2 cc de miel
- 1 cc d'arôme de rose

Glaçage et décoration :

- 100 g de sucre glace
- 1/2 blanc d'œuf
- Des pétales de roses comestibles
- Quelques pistaches

Sucettes fleurs et sprinkles

Réalisation en page 78

Attention !
La réalisation de cette recette n'est pas conseillée avec un enfant.

1h

€ €€ €€€

Le matériel

- 1 balance
- 1 thermomètre allant jusqu'à 200°C
- 1 casserole
- 1 moule à sucettes
- Des bâtonnets
- Des petits sachets plastique de 7 cm de large minimum
- Du ruban

Les ingrédients

Pour 10 sucettes

- 250 g de sucre
- 75 g d'eau
- 50 g de glucose
- Quelques goûtes d'arôme de votre choix
- Des fleurs séchées
- Des sprinkles, des perles de sucre...

Sablés messages glacés

@lespetitesmiettes

Moins d'1h - Temps de repos : 1h | € | Fournitures p. 73

La pâte à biscuits

1. Mettez la farine et le sucre dans un saladier, puis ajoutez le beurre froid coupé en petits morceaux. Il doit être froid tout en laissant la possibilité de marquer la pression des doigts en appuyant dessus.

2. Pétrissez le beurre du bout des doigts, afin qu'il enrobe la farine et le sucre, puis travaillez l'ensemble avec la paume des mains en mouvements circulaires afin d'obtenir un mélange proche du sable ou de la semoule.

3. Creusez un puits et placez l'œuf entier. Mélangez en partant du centre jusqu'à englober l'ensemble du mélange de poudres *(photo 1)*. Formez une boule.

4. Écrasez la pâte avec la paume de la main pour la rendre complètement homogène. À cette étape, vous pouvez la laisser reposer 1 heure au frais enveloppée d'un film alimentaire ou bien commencer par l'abaisser. Placez la pâte sur 1 feuille de papier cuisson, et à l'aide de 2 baguettes, abaissez-la pour obtenir une épaisseur homogène *(photo 2)*. Remettez-la 10 min au frais puis découpez les sablés à l'emporte-pièce et placez-les sur une feuille de cuisson.

5. Préchauffez le four à 170°C. Disposez la feuille avec les sablés découpés sur une grille de cuisson (cuisson plus homogène, évite les bulles et les déformations), marquez-les avec le lettrage de votre choix *(photo 3)*. Attention ! Si la pâte est trop froide, la pression du tampon pourrait faire craquer le biscuit.

Astuce | *Enfournez toujours vos biscuits bien froids, ils garderont de belles lettres, bien visibles !*

6. Mettez au four à 170°C environ 15 min selon le four et laissez refroidir sur une grille.

1

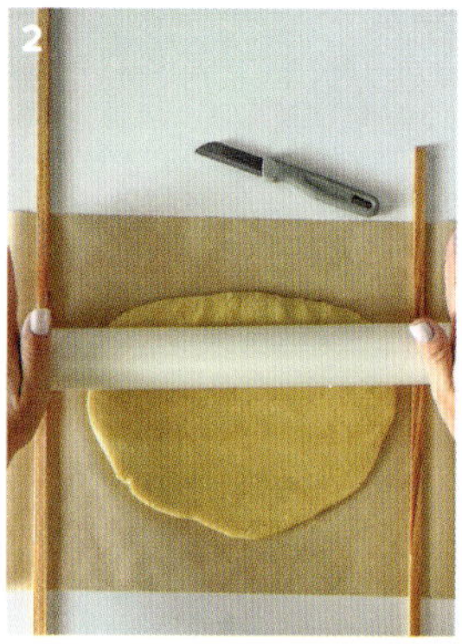

2

3

4

Le glaçage et la déco

1. Mettez le sucre, le blanc d'œuf et le citron dans un bol, puis mélangez énergiquement environ 2 min, jusqu'à ce que le mélange blanchisse. La texture doit être semi-liquide.

2. Trempez la face avant du biscuit, raclez les angles sur le bord du bol et décorez-le immédiatement car le glaçage cristallise vite *(photo 4)* !

3. Laissez-les sécher environ 30 min sur une feuille de papier cuisson puis stockez-les dans des sachets individuels pour conserver tout leur craquant.

WELCOME
BABY GIRL

Madeleines à la rose

@lespetitesmiettes

1h - Temps de repos : 6h | € | Fournitures p. 73

Les madeleines

1. Faites fondre le beurre, puis réservez le temps qu'il refroidisse complètement.
2. Dans un saladier avec un fouet ou à l'aide du robot pâtissier, mélangez les œufs et le sucre vivement pendant environ 3 min jusqu'à l'obtention d'un mélange mousseux.
3. Ajoutez les poudres (farine, levure et fleur de sel), mélangez jusqu'à ce que la pâte soit homogène, puis l'huile, le lait, le miel et l'arôme. Mélangez de nouveau.
4. Versez le beurre fondu à température ambiante en 3 fois, un 1er tiers, puis le 2nd et ainsi de suite. Mélangez.
5. Filmez au contact de la pâte et réservez au minimum 6h, voire toute une nuit.
6. Préchauffez le four à 200°C.
7. Pendant ce temps, graissez les alvéoles du moule, à l'aide d'un pinceau et de beurre pommade, puis placez-le quelques minutes au congélateur *(photo 1)*.
8. Remplissez les moules aux ¾ et enfournez 8 à 10 minutes jusqu'à ce que les contours des madeleines commencent à brunir *(photo 2)*. Attendez 5 min avant de démouler puis laissez refroidir sur une grille.

Le glaçage et la déco

1. Mixez ou hachez les pistaches avec un couteau, réservez.
2. Dans un bol, mélangez le sucre glace, le blanc d'œuf et 2-3 gouttes d'arôme de rose.
3. Glacez légèrement le haut des madeleines au pinceau sur la diagonale et saupoudrez de brisures de pistache et de pétales de roses effritées entre vos doigts, une madeleine à la fois *(photo 3)*.
4. Laissez le glaçage durcir et dégustez *(photo 4)* !

Sucettes fleurs et sprinkles

@lespetitesmiettes

1h | € | Fournitures p. 73

Attention ! La réalisation de cette recette n'est pas conseillée avec un enfant.

Les sucettes

1. Dans une casserole, ajoutez les ingrédients dans l'ordre suivant : l'eau en 1er puis le glucose et le sucre *(photo 1)*.
2. Plongez le thermomètre et réglez la plaque au maximum.
3. Pendant ce temps, placez les bâtonnets dans le moule en laissant dépasser de 1 cm environ vers l'intérieur du moule *(photo 2)*.
4. Lorsque le thermomètre indique 120°C, ajoutez l'arôme et poursuivez la cuisson jusqu'à 140°C puis retirez du feu. Laissez " débuller " un instant avant de verser dans les moules.
5. Remplissez chaque alvéole à moitié puis réservez la casserole le temps de placer les éléments de décoration.

La décoration

1. Ne tardez pas trop afin que le sucre ne refroidisse pas. Pour cela, vous pouvez laisser la casserole sur la plaque encore chaude mais attention à ne pas le refaire cuire car il pourrait jaunir *(photo 3)*.
2. Une fois la décoration, disposée, remplissez à hauteur du moule.
3. Laissez refroidir sans toucher le moule pendant environ 30 min, puis démoulez les sucettes en soulevant le dessous du moule *(photo 4)*. Glissez-les directement dans les sachets et nouez-les.

1

2

3

4

Miluccia

Comment êtes-vous devenue créatrice ?

Ancienne manager dans le commerce, c'est à la naissance de ma fille en 2015 que j'ose changer de chemin pour écouter mon âme créative et me former en autodidacte au métier de Paper Florist.

Où trouvez-vous votre inspiration ?

Je trouve mon inspiration principalement dans la nature qui m'entoure ainsi que dans ma sensibilité. Lors d'une balade, d'une visite chez mon fleuriste de quartier ou encore lors d'une exposition d'art.
Je suis émerveillée par la diversité de la flore et chaque élément de la nature peut m'insuffler de nouvelles idées fleuries.

Quels conseils donneriez-vous pour se mettre à la pratique ?

L'art des fleurs en papier ne nécessite que très peu de matériel : du papier, une bonne paire de ciseaux et un moyen de collage. Alors il serait dommage de ne pas essayer…

Vos 3 tips essentiels !

1 - Étudier de vrais spécimens : observer les détails des fleurs pour mieux comprendre leur anatomie et leur beauté éphémère.
2 - Être patient et indulgent avec soi-même lors de l'éclosion de ses premières fleurs.
3 - Libérer sa créativité : l'art des fleurs en papier offre tant de possibilités, il n'y a pas de limite à son imagination.

L'art des fleurs offre tant de possibilités, il n'y a pas de limite à son imagination.

Qu'est-ce qui vous fait vibrer dans votre métier ?

C'est la possibilité de donner vie à des fleurs durables avec de simples morceaux de papier. C'est une expérience gratifiante de voir mes fleurs en papier égayer les heureux événements de vie des gens, qu'il s'agisse d'un mariage ou simplement d'un geste attentionné. C'est un métier passion qui me permet de partager mon savoir-faire avec les autres amoureux des fleurs et d'imaginer sans cesse de nouvelles créations en lien avec mes valeurs éco-responsables, qu'il s'agisse de fleur ou d'objet en papier.

Comment vous voyez-vous évoluer demain en tant que créatrice ?

Je vois mon évolution future dans la continuité de ma passion pour les fleurs durables et le papier. Mon objectif est de perfectionner mes compétences existantes, de développer une gamme d'accessoires mariage et de partager davantage mon savoir-faire avec des projets éditoriaux, permettant ainsi à d'autres passionnés de découvrir l'art floral en papier.

@miluccia.shop

Découvrez les 3 projets ART FLORAL de Miluccia

TÉLÉCHARGEZ LES GABARITS

Boucles d'oreilles «Les dormeuses»

Réalisation en page 82

Moins d'une heure

€ **€€** €€€

Le matériel

- 1 pince ronde
- 1 pince plate
- 1 aiguille
- Du vernis colle
- 1 applicateur mousse

Les fournitures

- Papier crépon 140 gr
- 1 paire de boucles d'oreilles dormeuses
- 4 anneaux de jonction
- 2 pampilles

Pivoine épanouie

Réalisation en page 84

Entre 1h et 2h

€ €€ €€€

Le matériel

- 1 paire de ciseaux
- 1 pistolet à colle chaude
- Colle liquide

Les fournitures

- Du papier crépon
- Des étamines artificielles
- Des piques en bois

Guirlande fleurie lumineuse

Réalisation en page 86

Moins d'une heure

€ €€ €€€

Le matériel

- 1 pistolet à colle chaude
- 1 paire de ciseaux

Les fournitures

- 1 guirlande lumineuse LED
- Fleurs en papier de formes et tailles différentes

Fournitures Créalia

TÉLÉCHARGEZ LE GABARIT

Boucles d'oreilles « Les dormeuses »

@miluccia.shop

Moins d'une heure | €€ | Fournitures p. 81

1. Découpez 6 carrés de 6 cm dans du papier crépon préalablement étiré, collez les 6 carrés les uns sur les autres en appliquant du vernis-colle entre chaque couche à l'aide d'un applicateur mousse. Lissez avec un chiffon sec entre chaque couche.
   Réalisez l'étape 2 fois *(photo 1)*.
2. Laissez bien sécher, puis découpez la forme de votre choix à l'aide du gabarit *(photo 2)*.
3. Réalisez 1 trou en bas et 1 trou en haut de chaque forme à l'aide d'une aiguille *(photo 3)*.
4. Ouvrez 2 anneaux de jonction à l'aide des pinces, passez 1 anneau dans chaque trou, avant de les refermer. Ajoutez 1 pampille dans le trou inférieur et la dormeuse dans le trou supérieur. Réalisez l'étape pour les 2 boucles d'oreilles *(photo 4)*.

Astuce | *Laissez place à votre inspiration et aux goûts de la personne à qui vous offrez ces boucles d'oreilles pour le choix des formes, de la pampille et des coloris.*

1

2

3

4

TÉLÉCHARGEZ LE GABARIT

Pivoine épanouie

@miluccia.shop

Entre 1h et 2h | € | Fournitures p. 81

1. Pliez les étamines artificielles en 2 et fixez-les à une extrémité de la pique en bois à l'aide d'une bande de papier préalablement étirée de 1 cm de largeur et enduit de colle liquide *(photo 1)*.

2. Découpez 10 pétales à l'aide du gabarit A et 15 pétales à l'aide du gabarit B. Bombez les pétales en plaçant les pouces sur l'avant et les index à l'arrière du pétale. Étirez-les vers les côtés tout en creusant le pétale avec les pouces. Réalisez l'étape sur les 25 pétales *(photo 2)*.

3. À l'aide d'un point de colle chaude, collez les 10 pétales A en dessous des étamines sur le pique en bois, puis les 15 pétales B. Fixez-les aléatoirement, laissez-vous porter par votre inspiration pour un rendu esthétique *(photo 3)*.

4. Vous pouvez laisser la pivoine avec la tige nue ou la recouvrir d'une bande de papier crépon préalablement étirée de 1 cm de largeur et enduite de colle liquide. Pour cela, positionnez la bande à l'horizontale sous le calice de la fleur, faites un tour complet puis descendez doucement en biais jusqu'en bas *(photo 4)*.

Guirlande fleurie lumineuse

@miluccia.shop

Moins d'une heure | € | Fournitures p. 81

1. Courbez les pétales avec la lame des ciseaux *(photo 1)*.
2. Passez le fil de la guirlande au centre des pétales, interchangez les formes et les tailles, disposez-les à votre convenance à différentes hauteurs et déposez un point de colle chaude si besoin pour les fixer *(photo 2)*.

Astuces | *Vous avez des perforatrices de différentes formes ? Laissez place à votre inspiration en perforant les motifs de votre choix.*

1

2

Mon joli macramé

Laisser libre cours à votre imagination.

@monjolimacrame

Comment êtes-vous devenue créatrice ?

Depuis l'enfance, j'ai toujours adoré les activités manuelles. J'ai commencé par travailler dans le monde de la coiffure pendant quelques années. Puis un jour, je suis tombée sur une photo d'un macramé... et j'ai tout de suite adoré cet univers ! J'en ai rapidement fait mon métier tellement cette passion était dévorante.

Où trouvez-vous votre inspiration ?

Je puise mon inspiration essentiellement dans la nature. Je réalise énormément de créations en lien avec celle-ci, comme des projets en forme de feuilles, de lunes, de soleil, d'arc-en-ciel...

Quels conseils donneriez-vous pour se mettre à la pratique ?

Avant de commencer, je conseillerais avant tout de connaître les nœuds de base. Ils vous permettront de pouvoir créer n'importe quelle pièce en macramé et de laisser libre cours à votre imagination !

Vos 3 tips essentiels !

1 - Travailler avec une corde de qualité.
2 - Pratiquer régulièrement afin d'affiner la technique.
3 - Être patient et ne pas se décourager pas si les premiers projets ne sont pas parfaits !

Qu'est-ce qui vous fait vibrer dans votre métier ?

Ce qui me fait vibrer, c'est donner naissance à une œuvre originale. C'est un travail de longue haleine de créer un projet de A à Z. Cela occasionne de nombreuses recherches et de tests : mais quelle fierté lorsqu'on y arrive ! Vous le verrez par vous-même, le macramé est un art minutieux qui prend énormément de temps.

Comment vous voyez-vous évoluer demain en tant que créatrice ?

J'aimerais continuer sur cette lancée, en créant des œuvres toujours plus originales et uniques. Et peut-être un jour ouvrir ma propre boutique...

Découvrez les 3 projets MACRAMÉ de Mon joli macramé

Rond de serviette plume

Réalisation en page 90

Moins d'une heure

€ €€ €€€

Le matériel

- 1 paire de ciseaux
- 1 brosse
- 1 mètre ruban

Les fournitures

- 1 anneau en bois de 7 cm de diamètre
- Cordes peignées (3 mm) : 2 × 45 cm et 14 × 20 cm

Porte-clé torsade

Réalisation en page 92

Moins d'une heure

€ €€ €€€

Le matériel

- 1 paire de ciseaux
- 1 brosse
- 1 mètre ruban

Les fournitures

- 1 anneau carabinier doré de 25 mm de diamètre
- Cordes peignées (3 mm) : 2 × 50 cm et 1 × 120 cm
- 60 cm de corde lurex dorée (1 mm)

Suspension murale

Réalisation en page 94

Entre 1h et 2 h

€ €€ €€€

Le matériel

- 1 pistolet à colle
- 1 paire de ciseaux
- 1 brosse
- 1 mètre ruban

Les fournitures

- 1 bâton en bois de 40 cm
- 18 cordes peignées de 80 cm (5 mm)
- 9 cordes peignées de différentes couleurs et longueurs (3 mm)

Fournitures Créalia

Rond de serviette plume

@monjolimacrame

Moins d'une heure | € | Fournitures p. 89 | Technique macramé p. 127

1. Prenez les 2 cordes de 45 cm, pliez-les en 2, et attachez-les autour de l'anneau en bois avec des nœuds en tête d'alouette *(photo 1)*.
2. Prenez 2 cordes de 20 cm, pliez-les en 2, et réalisez 1 nœud plat autour des cordes. Répétez cette opération avec le reste des cordes de 20 cm, jusqu'à obtenir 7 nœuds plats. Serrez bien les nœuds jusqu'à la base de l'anneau en bois *(photos 2 et 3)*.
3. Munissez-vous de la brosse et démêlez l'ensemble des cordes jusqu'à obtenir un rendu complètement lisse *(photo 4)*.
4. Coupez les fils afin d'obtenir la forme d'une plume *(photo 5)*.

Conseil | *Fixez la plume avec un léger voile de laque pour cheveux afin qu'elle soit plus rigide.*

Porte-clé torsade

@monjolimacrame

Moind d'une heure | € | Fournitures p. 89 | Technique macramé p. 127

1. Prenez les 2 cordes de 50 cm, pliez-les en 2, et attachez-les autour de l'anneau doré avec 1 nœud en tête d'alouette *(photos 1 et 2)*.
2. Prenez la corde de 80 cm, pliez-la en 2, et réalisez 1 demi-nœud plat à la base des 2 cordes. Répétez cette opération jusqu'à l'obtention d'une jolie torsade *(photos 3 et 4)*.
3. Sécurisez la torsade en réalisant 1 nœud de surliure avec le fil lurex, en enveloppant toutes les cordes restantes *(photo 5)*.
4. Démêlez l'ensemble des cordes à l'aide de la brosse, afin d'avoir un joli rendu bien lisse. Munissez-vous ensuite de votre paire de ciseaux et coupez l'ensemble des cordes à environ 4 cm du nœud doré *(photo 6)*.

1

2

3

4

5

6

Suspension murale

@monjolimacrame

Entre 1h et 2h | €€€ | Fournitures p. 89 | Technique macramé p. 127

1. Prenez les cordes de 80 cm, pliez-les en 2 et attachez-les autour du bâton avec des nœuds en tête d'alouette. Regroupez les cordes par groupe de 2 et laissez un espace entre elles de 2 cm environ *(photo 1)*.
2. Prenez les cordes de couleurs et réalisez une succession de nœuds plats autour des groupes de 2 cordes. Nouez toutes les cordes jusqu'à obtenir un triangle inversé *(photos 2 et 3)*.
3. Retournez la création, coupez l'excédent de fil coloré et collez les bouts restants à l'aide du pistolet à colle *(photo 4)*.
4. Démêlez les fils à l'aide de la brosse. Munissez-vous d'une paire de ciseaux et coupez les fils à différentes hauteurs, en escalier *(photos 5 et 6)*.

Olga Uhry

Comment êtes-vous devenue créatrice ?

J'ai appris à broder étant enfant, mais c'est seulement en 2020 que j'ai commencé à partager mes créations sur mon compte Instagram, j'ai eu alors beaucoup de soutien de la part de mes abonnés. Ensuite, les gens me demandaient de réaliser quelques broderies sur commande et c'est à partir de ce moment-là que j'ai ouvert ma boutique pour vendre mes créations brodées.

Où trouvez-vous votre inspiration ?

Un peu partout ! Principalement dans la nature, j'adore broder les fleurs. J'aime aussi mettre sur le tissu des moments tendres comme un câlin, ou des souvenirs de moments importants de notre vie.

Quels conseils donneriez-vous pour se mettre à la pratique ?

Se procurer le matériel nécessaire : tambour à broder, tissu, fils, aiguilles, stylo effaçable, ciseaux. S'approprier différents points de broderie (dans les livres ou sur le Web). Vous pouvez commencer par un kit, car il contient tout ce qu'il faut, et aussi les explications pas-à-pas pour réaliser la broderie.

Vos 3 tips essentiels !

1 - Choisir un matériel de qualité.
2 - Veiller à ce que les points de broderie soient réguliers.
3 - Ne pas craindre d'expérimenter.

Ne pas craindre d'expérimenter.

Qu'est-ce qui vous fait vibrer dans votre métier ?

Le processus créatif de A à Z : faire le premier croquis, choisir la palette de couleurs, réaliser la broderie, tout cela est très relaxant ! Mais aussi les retours de mes clientes, et le fait d'être choisie pour créer les broderies des moments les plus importants de leur vie.

Comment vous voyez-vous évoluer demain en tant que créatrice ?

Je voudrais pouvoir transmettre la broderie, car c'est un loisir très relaxant, et il est primordial de trouver un peu de temps pour soi et de pouvoir créer ! En plus de proposer davantage de kits de broderie, je voudrais également animer des ateliers.

@olgauhry

Découvrez les 3 projets BRODERIE
de Olga Uhry

TÉLÉCHARGEZ LES GABARITS

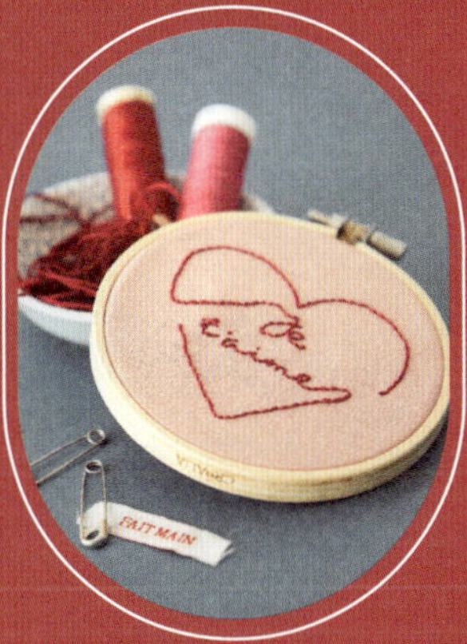

Tambour love

Réalisation en page 98

Entre 1h et 2h

€ **€€** €€€

Dimension du projet

10 cm de diamètre

Le matériel

- Cercle à broder de 10 cm
- Fils mouliné à broder
- Coupon de tissu en lin rose
- 1 paire de ciseaux
- 1 crayon effaçable

Points de broderie utilisés

Point arrière
Point avant

Sweat brodé

Réalisation en page 100

Entre 1h et 2h

€ **€€** €€€

Dimensions du projet

6 × 5,5 cm

Le matériel

- Cercle à broder de 10 cm
- Fils mouliné à broder
- 1 paire de ciseaux
- Magic paper DMC
- 1 crayon effaçable

Point de broderie utilisé

Point arrière

Casquette fleurie

Réalisation en page 102

Plus de 2h

€ **€€** €€€

Dimensions du projet

10,5 × 7 cm

Le matériel

- Fils mouliné à broder
- 1 paire de ciseaux
- 1 crayon effaçable

Points de broderie utilisés

- Passé plat
- Point d'arête
- Point de tige
- Point de nœud

Fournitures Créalia sauf mentions contraires.

TÉLÉCHARGEZ LE GABARIT

Tambour love

@olgauhry

Entre 1h et 2h | €€ | Fournitures p. 97 | Technique broderie p. 122

1. Transférez le motif sur le tissu à l'aide d'un stylo. Vous pouvez le faire en posant le motif et le tissu contre une vitre par exemple. Placez le tissu dans le cercle à broder *(photo 1)*.

2. Coupez environ 60 cm de fil de votre choix. Un fil contient 6 brins, vous aurez besoin de seulement 3 brins. Insérez le fil divisé dans l'aiguille et faites un nœud sur une extrémité du fil *(photo 2)*.

3. Brodez au point arrière. Sortez l'aiguille en A et insérez-la en B. Ensuite sortez-la en C et insérez-la en B *(photo 3)*. Continuez ainsi en brodant tout le motif. Veillez bien à ce que les points soient réguliers et de même longueur.

4. Une fois la broderie terminée, coupez le tissu autour du tambour. Réalisez le point avant autour en laissant assez de fil des 2 côtés. Tirez le fil et faites 1 nœud pour sécuriser le fil *(photo 4)*.

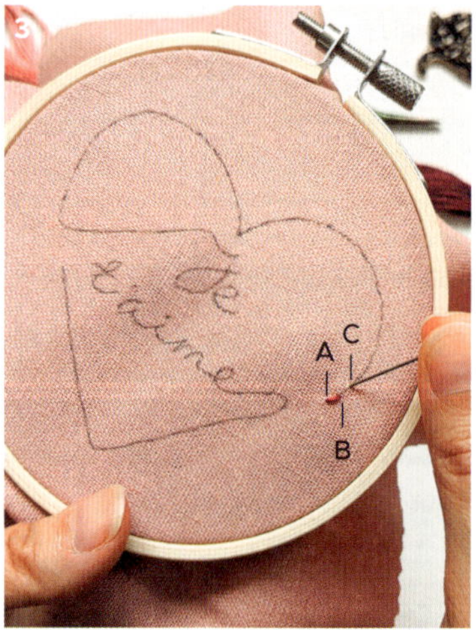

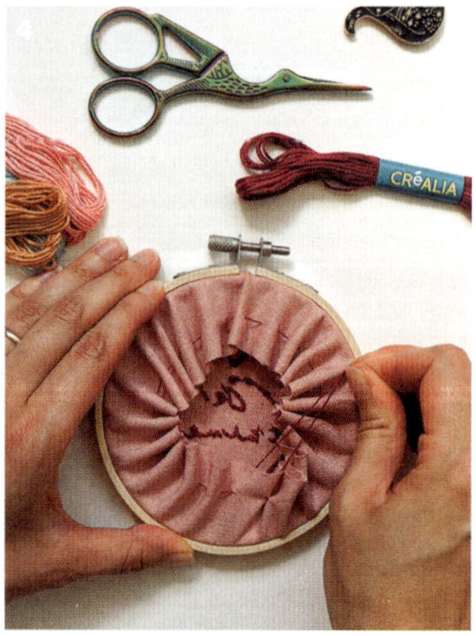

Je t'aime
CRéALIA
FAIT MAIN

TÉLÉCHARGEZ LE GABARIT

Sweat brodé

@olgauhry

Entre 1h et 2h | €€ | Fournitures p. 97 | Technique broderie p. 122

1. Écrivez la phrase à l'aide d'un stylo sur le papier hydrosoluble *(photo 1)*.
2. Collez-le sur le sweat et positionnez le cercle à broder *(photo 2)*.
3. Choisissez le fil à broder de votre choix. Un fil contient 6 brins, vous aurez besoin de 3 brins pour broder le motif. Insérez le fil divisé dans l'aiguille et faites 1 nœud à l'une des extrémités du fil. Brodez au point arrière *(photo 3)*.
4. Faites 1 nœud pour bien sécuriser le fil à l'intérieur du sweat *(photo 4)*. Pour enlever le papier, passez votre sweat sous l'eau tiède pendant quelques minutes, frottez délicatement pour ne pas abîmer la broderie.

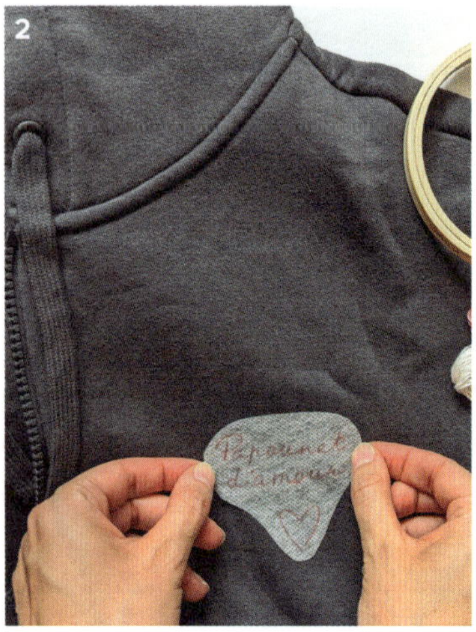

RICOH
500 GX
Papounet
d'amour

TÉLÉCHARGEZ LE GABARIT

Casquette fleurie

@olgauhry

Plus de 2h | €€ | Fournitures p. 97 | Technique broderie p. 122

1. Reportez le motif floral sur la casquette. Vous pouvez utiliser un stylo effaçable *(photo 1)*.

2. Choisissez vos coloris de fils préférés. Brodez à 3 brins. Commencez par réaliser les tiges au point de tige. Sortez l'aiguille sur l'endroit du tissu, piquez un peu plus loin et sortez l'aiguille à mi-chemin. Ensuite, sortez l'aiguille plus loin et repiquez à côté du point précédent *(photo 2)*.

3. Brodez les fleurs et les feuilles au passé plat. Sortez l'aiguille en haut du pétale et piquez en bas en faisant une ligne bien verticale. Sortez l'aiguille juste à côté du point précédent et piquez-la en bas. Continuez ainsi pour remplir le motif *(photo 3)*. Ajoutez par dessus une autre couleur pour rendre les fleurs plus réalistes.

4. Brodez les petites fleurs au point de nœud. Sortez l'aiguille sur l'endroit du tissu. Enroulez le fil 2 fois autour de l'aiguille en le tenant avec la main gauche. Sans lâcher le fil, piquez tout près du point et tirez l'aiguille sur l'envers du tissu *(photo 4)*.

1

2

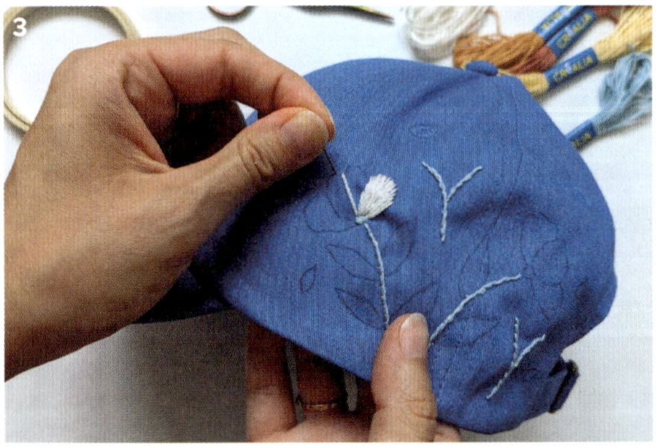
3

4

The creative fiber

Comment êtes-vous devenue créatrice ?

J'ai commencé mon parcours créatif avec le tissage. J'ai eu un coup de foudre pour l'outil, son utilisation et les multiples techniques que proposaient le métier à tisser. C'est ainsi que j'ai débuté avec la laine. J'ai tissé ma première tenture et je l'ai vendue à une australienne. Depuis, la création ne m'a jamais quittée. Ça a toujours été mon moment de plaisir et de passion à côté de mon travail. Puis, un jour, ce fut le moment, et je décidais de faire de ma passion mon travail.

Où trouvez-vous votre inspiration ?

Mon voyage créatif a commencé lorsque j'habitais à Londres.
J'ai baigné dans une culture créative sans limites qui a contribué à ouvrir et développer mon esprit inventif. Aujourd'hui, mon inspiration provient des associations de couleurs et textures mais aussi de tout mon environnement.

Quels conseils donneriez-vous pour se mettre à la pratique ?

Il ne faut pas s'arrêter à un modèle mais venir ajouter sa touche personnelle.
Le Punch Needle offre tellement de possibilités, qu'il est facile de se l'approprier et d'avoir son propre style. Il n'y a pas de règles, sauf celles que vous vous donnez. Vous ne pouvez pas vraiment faire d'erreur avec cette technique. Si les points ne vous plaisent pas, vous pouvez tout enlever facilement et recommencer !

Vos 3 tips essentiels !

1 - Avoir du bon matériel lorsqu'on débute.
2 - Tester de nombreux fils et laines différentes.
3 - Ne pas se donner de limites.

Il n'y a pas de règles, sauf celles que vous vous donnez.

@thecreativefiber

Qu'est-ce qui vous fait vibrer dans votre métier ?

J'aime la multitude de tâches que représente l'auto-entrepreneuriat. Les décisions sont les miennes et j'évolue avec mon entreprise tous les jours. J'aime aussi aller à la rencontre des gens pour leur apprendre la technique et leur faire passer un vrai moment détente. Ma vraie vibration dans tout cela reste la création pure, partir de 0 et imaginer un projet dans sa globalité.

Comment vous voyez-vous évoluer demain en tant que créatrice ?

La route est encore longue et j'aimerais continuer à développer mon art au travers de pièces uniques et singulières. Je souhaite également pouvoir explorer le côté des bienfaits de la pratique créative sur mes élèves. Mon but : montrer qu'il est possible et accessible de créer des choses soi-même.

Découvrez les 3 projets PUNCH NEEDLE de The creative fiber

TÉLÉCHARGEZ LES GABARITS

Broderie paysage

Réalisation en page 106

Entre 1h30 et 2h

€ **€€** €€€

Le matériel

- 1 cercle à broder 15 cm de diamètre
- Aiguille Punch Needle réglable pour grosse laine
- 25 × 25 cm de toile à puncher
- 1 aiguille à laine
- 1 feutre textile (effaçable à l'eau ou à la chaleur)
- 1 paire de ciseaux

Les laines

- DMC Natura XL Terracotta
- Phildar Rapido Rose poudré
- Rico Fashion Jersey Menthe
- Corde de jute naturelle
- DHG Piuma Bosco

Sac en paille customisé

Réalisation en page 108

Entre 2h et 2h30

€ €€ **€€€**

Le matériel

- 1 sac en paille
- Aiguille Punch Needle réglable pour grosse laine
- 45 × 45 cm de toile à puncher
- 1 cadre à broder 40 × 40 cm
- 1 feutre textile (effaçable à l'eau ou à la chaleur)
- Colle spécial Punch Needle
- Pistolet à colle
- 1 paire de ciseaux
- 1 aiguille
- 1 pinceau
- Du fil

Les laines

- DMC Natura XL Terracotta, Sable, Ivoire
- DHG Piuma Cannelle
- DHG Sailorman Cotto
- Phildar Looping Craie

Miroir « œil »

Réalisation en page 110

Entre 2h30 et 3h

€ €€ **€€€**

Le matériel

- Aiguille Punch Needle réglable pour grosse laine
- 45 × 45 cm de toile à puncher
- 1 cadre à broder 40 × 40 cm
- 1 miroir diamètre 15 cm
- 1 feutre textile (effaçable à l'eau ou à la chaleur)
- Colle spécial Punch Needle
- Colle super glue
- Pistolet à colle
- 1 paire de ciseaux
- 1 aiguille
- 1 pinceau
- 1 morceau de carton
- 1 petit bout de ficelle
- 2 petits ronds de tissu

Les laines

- DMC Natura XL Terracotta
- Phildar Matelot Rose des sables
- Phildar Rapido Rose poudré

Fournitures Créalia sauf mentions contraires.

TÉLÉCHARGEZ LE GABARIT

Broderie paysage

@thecreativefiber

Entre 1h30 et 2h | € | Fournitures p. 105 | Technique Punch Needle p. 123

Conseil : *Lorsque vous punchez, il est nécessaire de toujours garder le fil lâche sur votre pelote. Une tension du fil occasionnerait des points ne se formant pas correctement.*

1. Installez la toile sur le cercle à broder. La toile doit être tendue au maximum pour faciliter le travail. Le cercle servira de support déco, il sera donc maintenu à la fin de votre ouvrage. Reportez le gabarit sur la toile à l'aide d'un feutre textile. Inutile d'être très précis, la laine viendra cacher le motif dessiné *(photo 1)*. Vous pouvez également procéder par transparence en plaçant le motif sous la toile et contre une source de lumière.

2. Réalisez l'ouvrage : enfoncez l'aiguille entièrement dans la toile. Retournez le cercle et faites sortir le bout de laine sur l'arrière de l'ouvrage. Remplissez la première forme du bas (vert) avec un point plat. Remplissez toutes les formes en vous aidant du gabarit vous indiquant les différents points *(photos 2 et 3)*.

   Le point plat : *Travaillez sur l'avant de l'ouvrage. Commencez la forme de l'extérieur vers l'intérieur avec la technique de l'escargot. Les points sont intercalés (en quinconce).*

   Point bouclette : *Travaillez sur l'arrière de l'ouvrage. Réalisez un point plat en intercalé.*

   Les lignes (aiguille à laine) : *Utilisez une aiguille à laine pour passer le fil dessus puis dessous tout le long de la forme pour créer des lignes les unes à côté des autres.*

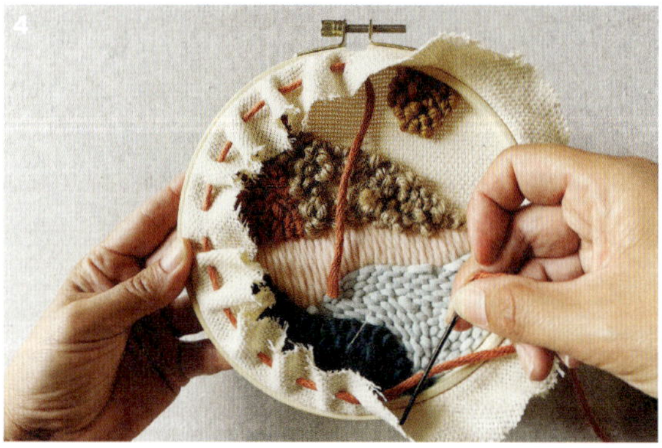

3. Finissez l'ouvrage : retournez la broderie et découpez la toile en rond à environ 3 cm du bord. Le cercle va vous servir de support. Passez un fil de laine, grâce à une aiguille à laine, par l'intérieur (faites un petit nœud à l'extrémité pour bloquer le fil). Vous pouvez maintenant coudre en entrant et sortant du tissu tout autour du cercle *(photo 4)*.

TÉLÉCHARGEZ LE GABARIT

Sac en paille customisé

@thecreativefiber

Entre 2h et 2h30 | €€€ | Fournitures p. 105 | Technique Punch Needle p. 123

1. Installez la toile sur le cadre à broder. La toile doit être bien tendue pour faciliter le travail. Reportez le gabarit sur la toile à l'aide d'un feutre textile. Inutile d'être très précis, la laine viendra cacher le motif dessiné *(photo 1)*. Vous pouvez également procéder par transparence en plaçant le motif sous la toile et contre une source de lumière.

2. Réalisez l'ouvrage : pour ce motif, nous utiliserons le point bouclette. Enfoncez votre aiguille entièrement dans la toile et remplissez une à une toutes les formes du gabarit *(photo 2)*.

3. Fixez les points : pour que les boucles ne bougent pas, collez tous les points avec de la colle spécial Punch Needle en les badigeonnant à l'aide d'un pinceau. Laissez sécher 24h.

4. Préparez l'arrière : retirez la toile du cadre à broder et découpez le tour de la forme à environ 2 cm du bord. Réalisez ensuite de petites entailles tout autour pour pouvoir rabattre la toile facilement et collez chaque petite languette avec le pistolet à colle chaude *(photo 3)*.

5. Finissez l'ouvrage : positionnez la broderie sur le sac. Cousez le contour avec du fil et une aiguille *(photos 4 et 5)*.

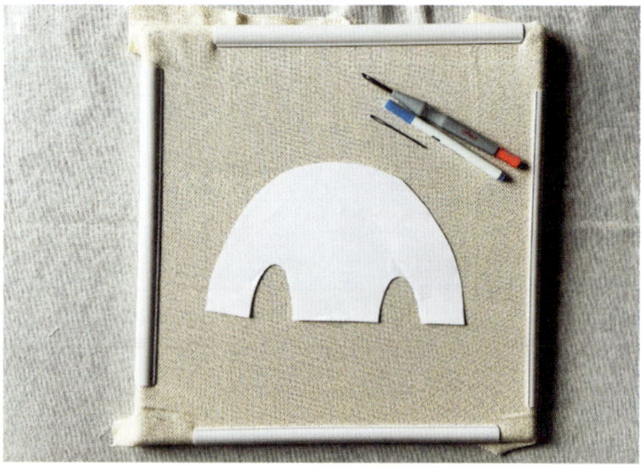

TÉLÉCHARGEZ LE GABARIT

Miroir « œil »

@thecreativefiber

Entre 2h30 et 3h | €€€ | Fournitures p. 105 | Technique Punch Needle p. 123

1. Installez la toile sur le cadre à broder. La toile doit être bien tendue pour faciliter le travail.

2. Reportez le gabarit sur la toile à l'aide d'un feutre textile. Inutile d'être très précis, la laine viendra cacher le motif dessiné. Vous pouvez également procéder par transparence en plaçant le motif sous la toile et contre une source de lumière.

3. Réalisez l'ouvrage : pour ce motif, nous utiliserons le point bouclette. Travaillez sur l'envers de l'ouvrage. Enfoncez votre aiguille entièrement dans la toile et remplissez une à une toutes les formes du gabarit *(photo 1)*.
Attention ! Le cercle central de l'œil doit être légèrement plus petit que le diamètre du miroir.

4. Fixez les points : pour que les boucles ne bougent pas, collez tous les points avec de la colle spécial Punch Needle en les badigeonnant à l'aide d'un pinceau *(photo 2)*. Laissez sécher 24h.

5. Préparez l'arrière : retirez la toile du cadre à broder et découpez le tour de la forme à environ 2 cm du bord. Coupez ensuite de petites entailles tout autour pour pouvoir rabattre la toile facilement et coller chaque petite languette avec le pistolet à colle chaude *(photo 3)*.

6. Insérez le miroir : placez le miroir et déposez de la colle chaude tout autour. Répétez cette opération 2 fois pour s'assurer que le miroir ne bouge pas.

7. Finissez l'ouvrage : pour solidifier le miroir et son contour, découpez un morceau de carton et fixez-le sur l'arrière. Collez le carton au dos du miroir avec de la super glue, puis le contour du miroir avec le pistolet à colle.

8. Ajoutez une attache : collez 2 ronds de tissu sur la ficelle au dos du cadre *(photo 4)*. Assurez-vous de sa résistance avant de l'accrocher.

1

2

3

4

Tous les mots doux

Comment êtes-vous devenue créatrice ?

Après des études en Arts Appliqués, j'ai attendu la naissance de mes enfants pour me lancer et créer ma marque en 2020.
Cela fait maintenant plus d'un an que j'ai quitté mon travail dans l'immobilier pour me consacrer uniquement à ma passion et en faire mon métier.

Où trouvez-vous votre inspiration ?

Je trouve mon inspiration principalement dans ce qui m'entoure, mon environnement en observant beaucoup mes enfants et ce qu'ils aiment. Mes créations évoluent au fil des saisons. Je me nourris des traditions, des événements et des emblèmes qui les caractérisent.

Quels conseils donneriez-vous pour se mettre à la pratique ?

L'utilisation d'une machine de découpe intelligente Cricut est à la portée de tous ! Les machines, les matériaux et les outils Cricut sont vraiment pensés et conçus pour être le plus ergonomique possible. Il suffit de se laisser guider par le logiciel qui les accompagne, le Cricut Design Space pour libérer sa créativité.

Vos 3 tips essentiels !

1 - Ne pas avoir peur de se lancer avec une machine de découpe intelligente : je me répète mais Cricut a vraiment conçu tous ses produits pour qu'ils soient accessibles à tout le monde !
2- Être patient et prendre confiance en soit en testant, recherchant, recommençant pour arriver au résultat qui nous semble parfait.
3- Ne laisser aucune limite à son imagination !

Être patient et prendre confiance en soit...

Qu'est-ce qui vous fait vibrer dans votre métier ?

Je suis une grande rêveuse et la création est vraiment un moyen pour moi de m'évader.
Je n'ai jamais l'impression de travailler. Je me sens tellement chanceuse : je vis de ma passion.
À travers chacune de mes créations, j'essaye de transmettre des émotions, de donner vie à une histoire. C'est vraiment une partie de moi que je retranscris dans chaque projet que je réalise.

Comment vous voyez-vous évoluer demain en tant que créatrice ?

Mon objectif est d'évoluer davantage dans le DIY et le partage de mon savoir-faire. C'est dans la transmission de ma passion et la recherche perpétuelle de nouveautés que je m'épanouis le plus ! C'est une évidence, mon futur sera rempli de nouveaux projets éditoriaux !

@touslesmotsdoux

TÉLÉCHARGEZ LES GABARITS

Découvrez les 3 projets CRICUT™ de Tous les mots doux

Carte de remerciements

Réalisation en page 114

Moins d'une heure

€ €€ €€€

Le matériel

- La Cricut Maker
- 1 kit d'outils de base Cricut
- 1 lame pointe fine
- 1 tapis de découpe pour cartes 2 × 2
- 1 tapis StandardGrip (vert)
- 1 pistolet à colle

Les fournitures

- 1 lot de cartes adhésives à personnaliser Cricut 10,8 × 14 cm collection Neutrals
- Du papier blanc d'environ 250 g/m²

Cake topper

Réalisation en page 116

Entre 1h et 2h

€ **€€** €€€

Le matériel

- La Cricut Maker
- 1 kit d'outils de base Cricut
- 1 tapis StandardGrip (vert)
- 1 tapis Cricut StrongGrip (violet)
- 1 lame couteau Cricut
- 1 lame pointe fine Cricut
- 1 pistolet à colle
- Bande de masquage

Les fournitures

- 1 planche de bois de tilleul Cricut 28 × 28 cm
- Du papier blanc, crème et lin d'environ 250 g/m²

Tote bag

Réalisation en page 118

Plus de 2h

€ €€ **€€€**

Le matériel

- La Cricut Maker
- 1 kit d'outils de base Cricut
- 1 tapis Cricut StandardGrip (vert)
- 1 tapis Cricut StrongGrip (violet)
- 1 lame couteau Cricut
- 1 lame pointe fine Cricut
- 1 Cricut EasyPress Mini
- Bande de masquage
- De la colle à forte adhérence avec un embout fin (type super glue)

Les fournitures

- 1 tote bag en coton
- 1 planche de bois de tilleul Cricut 28 × 28cm
- 1 rouleau de vinyle thermocollant Smart Iron-On Cricut, doré pailleté
- Des attaches de pin's

Carte de remerciements

@touslesmotsdoux

Moins d'une heure | € | Fournitures p. 113

Découpez le papier

Ouvrez un " Nouveau Projet " dans l'application Cricut Design Space et rendez-vous dans l'onglet " Projets ". Puis, cliquez sur " Créer ".

Pour le choix du chargement des matériaux, sélectionnez " Sur le tapis ".
Le logiciel va ensuite vous demander de sélectionner le matériau. Cliquez sur " Parcourir tous les matériaux " et sélectionnez dans la liste " Papier cartonné épais 270g/m^2 ".

Chargez la pointe fine dans la mâchoire B *(photo 1)* et placez la feuille de papier blanc épais sur le tapis StandardGrip (vert).
Le bouton de chargement se met à clignoter. Insérez le tapis dans la machine en appuyant sur le bouton de chargement.

Une fois le calibrage terminé, le bouton play va se mettre à clignoter à son tour.
Appuyez dessus pour lancer la découpe.

Lorsque la découpe est terminée, déchargez votre tapis en appuyant à nouveau sur le bouton de chargement du tapis qui clignote.

Découpez l'insert sur la carte pré pliée adhésive

Afin de découper un insert dans une carte pré pliée, dans un premier temps, modifiez le type de chargement des matériaux en sélectionnant " Sur le tapis pour cartes ".

Changez la taille du matériau. Ici, nous utilisons les cartes pré pliées R20 de 10,8 × 14 cm.
Sélectionnez ensuite " Carte à découper + support " dans la catégorie Papier cartonné du choix du matériau.
Déplacez manuellement les roues en étoiles permettant aux matériaux de glisser dans la Cricut au centre du tapis.

Préparez l'insert de la carte en décollant le film de protection recouvrant la partie adhésive à l'intérieur de la carte *(photo 2)*. Puis, appliquez la face brillante de l'insert sur la partie encollée de la carte.

1

2

3

4

Retirez le film de protection du tapis pour cartes et glissez la carte sous la bande transparente du tapis *(photo 3)*. Veillez à la positionner tout en haut à gauche de chaque fenêtre.

Rabattez ensuite la carte pour fixer la partie à découper sur le tapis.

Pour insérer le tapis dans la Cricut et lancer la découpe, répétez le même processus de l'étape précédente.

Terminez par écheniller les découpes pour faire apparaître les motifs et enlever le surplus de papier présent sur les inserts. Aidez-vous de l'outil d'élimination Cricut présent dans le kit d'outils de base *(photo 4)*.

Assemblez la carte

Repliez les ailes des papillons pour leur donner du relief, puis collez-les sur la carte en mettant un point de colle à l'aide du pistolet.

Astuce | *On adore les cartes pré pliées adhésives Cricut ! Leurs inserts brillants apportent du relief et de la magie à toutes vos créations ! Une carte de vœux, de félicitations ou d'anniversaire, elles s'adaptent à toutes les occasions !*

merci
Je t'aime

TÉLÉCHARGEZ LE GABARIT

Cake topper

@touslesmotsdoux

Entre 1h et 2h | €€ | Fournitures p. 113

Découpez le bois de tilleul

Téléchargez le gabarit et sélectionnez depuis la bibliothèque des matériaux du Design Space, " Bois de tilleul (1,6 mm) ". Chargez la lame couteau dans la mâchoire B

Comme indiqué sur le logiciel, avant de commencer la découpe, déplacez manuellement tout à droite de votre machine, les roues en étoiles qui aident les matériaux à glisser dans la Cricut.

Sur le tapis à forte adhérence, le StrongGrip (violet), placez la planche de tilleul et fixez tous les contours à l'aide de la bande de masquage *(photo 1)*.

Pour charger le tapis dans la machine et lancer la découpe, procédez de la même manière que pour la découpe des autres matériaux.

Découpez le papier

Placez le papier blanc sur le tapis StandardGrip (vert) et utilisez la lame à pointe fine *(photo2)*.
N'oubliez pas de sélectionner " Papier cartonné épais 270g/m² " avant de lancer la découpe.

Manuellement, déplacez à nouveau les roues en étoiles en respectant un intervalle régulier *(photo 3)*.

Une fois la découpe terminée, décollez délicatement le papier du tapis à l'aide de la spatule du kit de base Cricut.

Répétez l'opération pour les découpes dans le papier couleur crème, puis dans le papier couleur lin.

Assemblez le cake topper

Afin de créer du relief, repliez les ailes des papillons sur elles-mêmes.

Collez le feuillage et les papillons sur votre découpe en bois avec le pistolet à colle *(photo 4)*.

Astuce | Adaptez votre cake topper à chaque occasion. Changez les couleurs, les matériaux et jouez avec la superposition pour lui donner du relief. Votre gâteau sera à votre image : unique !

1

2

3
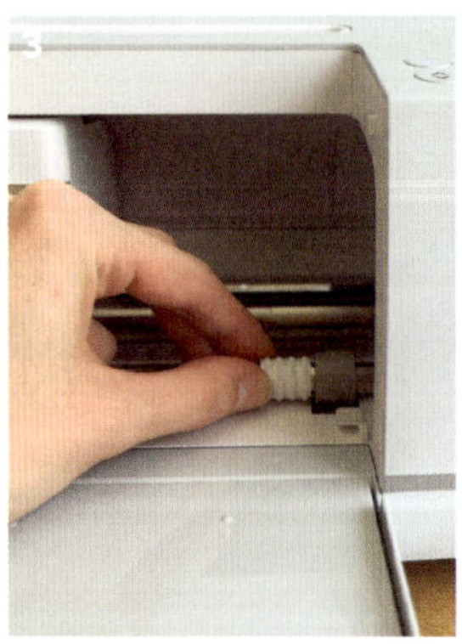

4

love

TÉLÉCHARGEZ LE GABARIT

Tote bag

@touslesmotsdoux

Plus de 2h | €€€ | Fournitures p. 113

Découpez le vinyle thermocollant

Après avoir téléchargé le gabarit, parcourez le choix des matériaux afin de sélectionner " Thermocollant pailleté ".

Chargez la pointe fine dans la mâchoire B.

Placez ensuite une feuille de vinyle thermocollant, préalablement découpée dans le rouleau, sur le tapis StandardGrip (vert). Prenez soin de coller la partie brillante du vinyle sur le tapis.

Insérez le tapis dans la machine et procédez à la découpe en suivant les mêmes étapes que celles effectuées pour la découpe du papier *(photo 1)*.

Fixez les motifs en vinyle thermocollant

Décollez délicatement le vinyle thermocollant du tapis et écheniller ensuite votre motif pour enlever tout le surplus de vinyle.

Fixez le vinyle sur le sac à l'aide de la presse en appliquant celle-ci directement sur le film transparent. Laissez refroidir quelques secondes, puis retirez le film de protection *(photo 2)*.

Découpez le bois de tilleul

Répétez les mêmes étapes de découpe que celles effectuées pour la base en bois du cake topper *(photo 3)*.

Assemblez les pin's

Sur les éléments en bois découpé, collez les attaches de pins' avec la colle forte *(photo 4)*.

Laissez sécher avant de les accrocher sur le tote bag.

Astuce | *Seul ou en accumulation, on aime par-dessus tout les pin's qui rendent nos tenues et nos accessoires de mode uniques ! N'hésitez pas à les décrocher de votre tote bag pour les placer sur votre veste en jean !*

l'amour

CAHIER *technique*

Les bases de la broderie

Point avant

Il s'exécute de droite à gauche. L'aiguille traverse le tissu, passe dessous puis repasse sur le dessus du tissu à intervalle régulier. Sortez le fil en 1, piquez en 2, sortez en 3 et repiquez en 4.

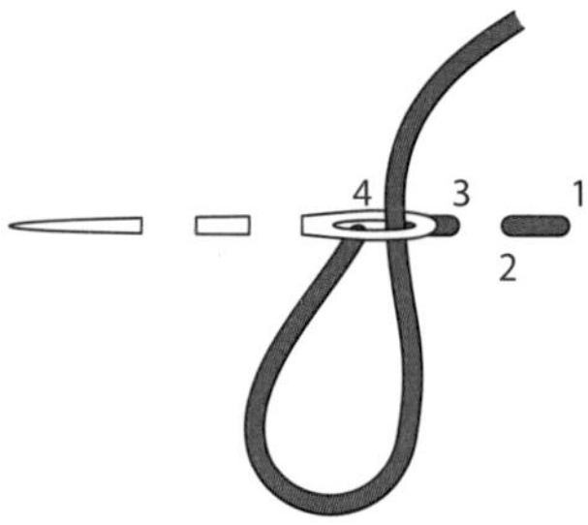

Point arrière

Il se réalise de droite à gauche. Sortez le fil en 1. Piquez en arrière au même niveau en 2 puis ressortez l'aiguille en 3, (le point passant sous le tissu fait 3 fois la longueur de 1 à 2). Repiquez en 4 et ressortez en 5. Répétez ces étapes en faisant des points très réguliers. Ce point est utilisé aussi fréquemment en broderie qu'en couture.

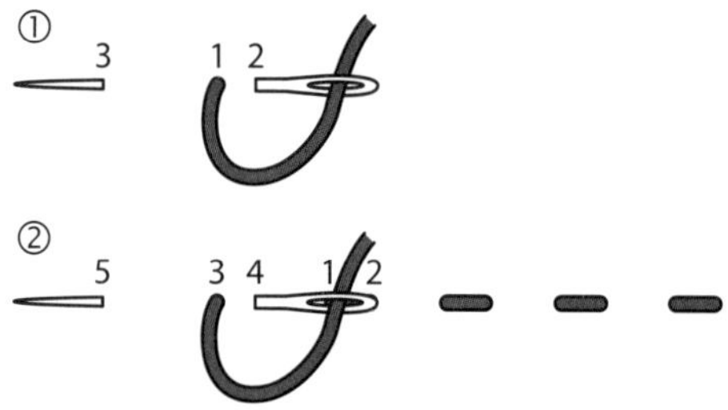

Passé plat

Il se réalise de gauche à droite et de haut en bas. Le fil sort en 1. Piquez l'aiguille en 2 et ressortez en 3. Ce point permet de couvrir des surfaces et doit être réalisé de façon très régulière.

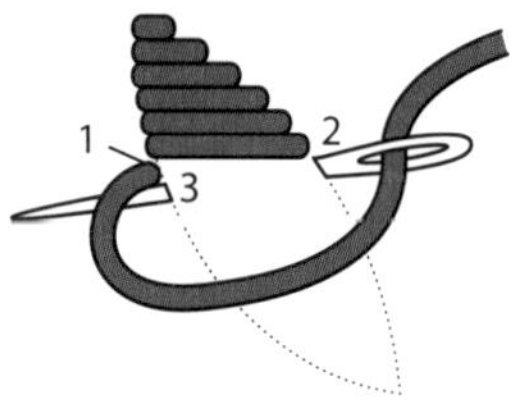

Point lancé

C'est un point qui recouvre en un seul point la ligne du tracé. Le fil sort en 1, piquez l'aiguille en 2, ressortez en 3.

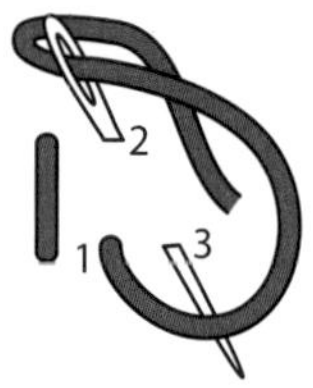

Point de tige

Il s'exécute de gauche à droite et s'utilise pour les lignes droites ou courbes. Le fil sort en 1. Piquez l'aiguille en 2 sur la droite et ressortez l'aiguille en 3 légèrement en biais et au-dessus du fil, au milieu du point précédent.

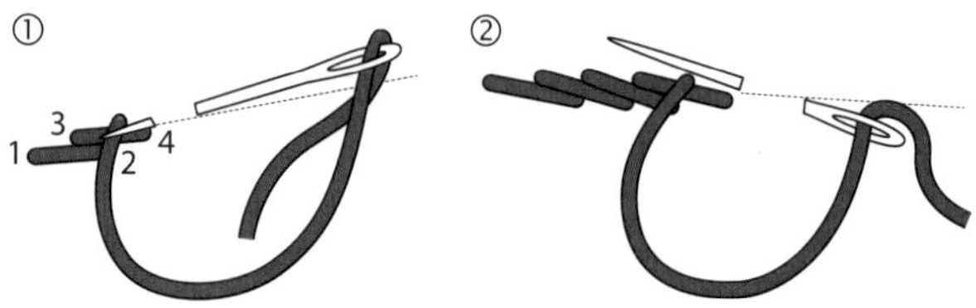

Point de nœud

Le fil sort en 1. Enroulez le fil 2 ou 3 fois autour de l'aiguille en le maintenant avec le pouce gauche. Tirez doucement l'aiguille puis repiquez-la en 2 à côté du point 1.

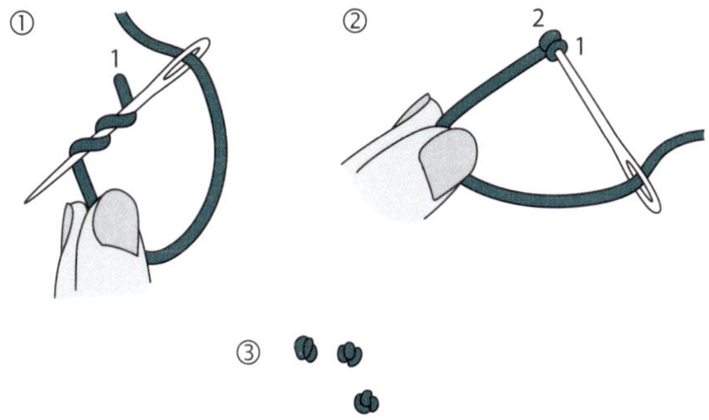

Point d'arête rapproché

Se travaille de la même manière que le point d'arête. Les points de feston situés de part et d'autre de l'axe central sont plus ou moins espacés, selon l'effet désiré. Mais les points sur les côtés doivent respecter la forme voulues (dans ce cas précis, une feuille).

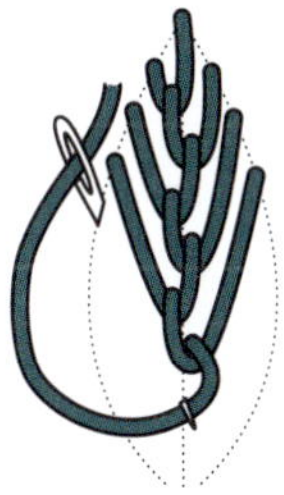

Les bases du

punch needle

Le point plat et le point bouclé

Tenir l'outil punch needle en main comme s'il s'agissait d'un crayon et piquer à travers la toile, sur le trait dessiné, en plaçant le biseau de l'aiguille du côté qui doit être brodé (voir les schémas ci-dessous) et en inclinant légèrement l'aiguille du côté plat du biseau.

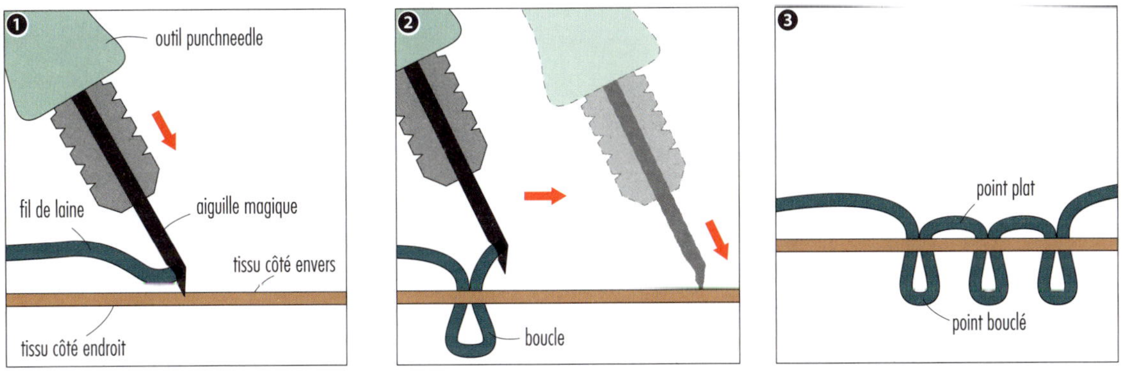

NB. Les flèches rouges indiquent le sens du travail.

Les bases du crochet

Maille serrée

1. 1 maille air pour tourner le travail, puis piquez le crochet dans la maille indiquée par la flèche.

2. Réalisez 1 jeté et le ramener à travers la boucle en suivant la flèche.

3. Réalisez à nouveau 1 jeté et écoulez les boucles sur le crochet en suivant la flèche.

4. 1 maille serrée est formée.

5. Continuez selon le même principe, en répétant les étapes 1 à 3 autant de fois que nécessaire.

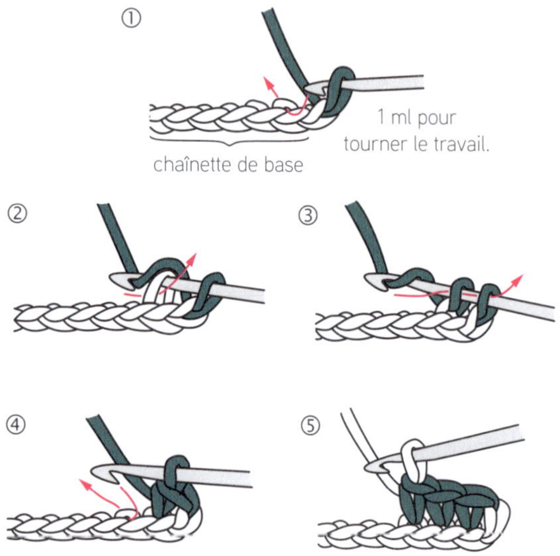

Augmentation (en mailles serrées)

1. Réalisez 1 maille serrée, puis piquez le crochet dans la maille où la maille serrée vient juste d'être crochetée.

2. Faites 1 jeté et ramenez-le à travers la maille, 1 jeté et écoulez les 2 boucles sur le crochet.

3. L'augmentation est terminée.

Note : pour les autres types d'augmentations, il suffit de crocheter 2 demi-brides ou 2 brides dans la même maille.

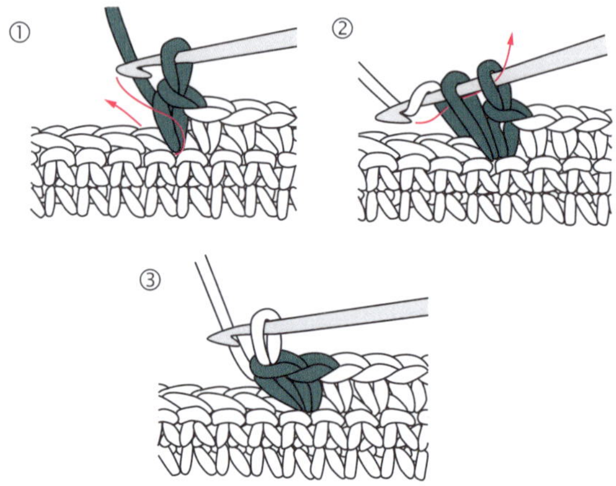

Diminution (en mailles serrées)

1. Piquez le crochet dans 1 maille, 1 jeté, ramenez-le à travers la maille, répétez l'opération sur la maille suivante (= 2 mailles serrées incomplètes).

2. Faites 1 jeté et écoulez toutes les boucles se trouvant sur le crochet.

3. La diminution est terminée (il y a 1 maille serrée en moins).

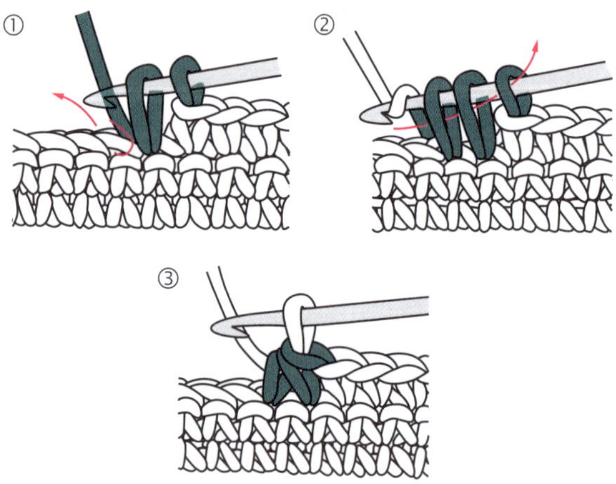

Demi-bride

1. Commencez par 2 mailles en l'air pour remplacer la 1re demi-bride. Faites 1 jeté avant de piquer le crochet dans la maille en l'air indiquée par la flèche.

2. Faites 1 jeté sur le crochet, ramenez-le à travers la boucle, faites 1 autre jeté sur le crochet et ramener-le à travers toutes les boucles du crochet.

3. 1 demi-bride est achevée. Répétez les étapes 1 et 2 autant de fois que nécessaire.

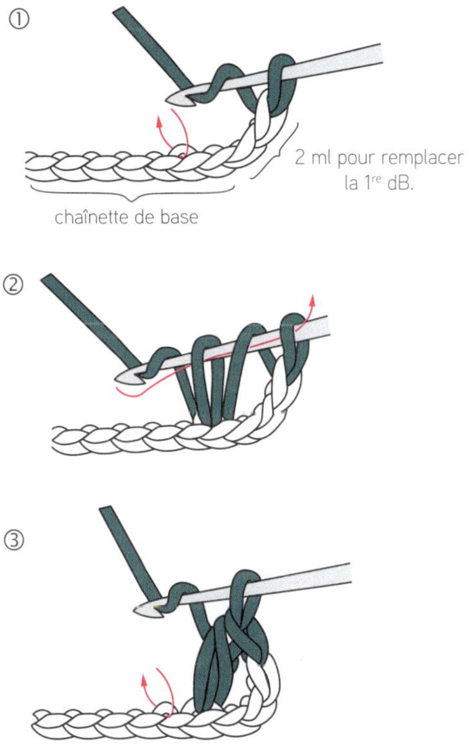

Bobble de 3 demi-brides

1. Réalisez 1 jeté et piquez le crochet dans la maille indiquée par la flèche, 1 jeté et ramenez-le à travers la maille.

2. Répétez 2 fois *1 jeté, piquez le crochet dans la même maille, 1 jeté, ramenez-le à travers la maille.

3. Faites 1 jeté et passez-le dans toutes les boucles sur le crochet.

4. Crochetez 1 maille en l'air pour resserrer le point.

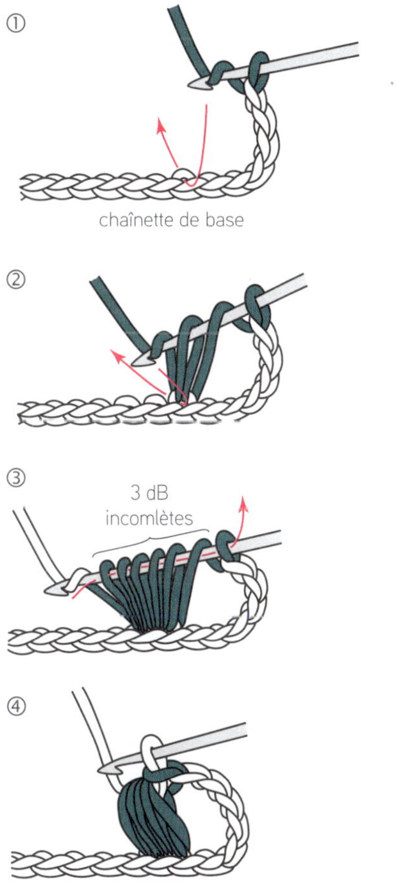

Les bases du tricot

Maille endroit

Avec le fil à l'arrière du tricot, piquez l'aiguille droite dans la maille de l'aiguille gauche, de l'avant vers l'arrière. Enroulez le fil autour de l'aiguille droite. Passez la pointe de l'aiguille droite dans la maille et faites-la revenir au-dessus de l'aiguille gauche. Puis laissez tomber la maille de l'aiguille gauche.

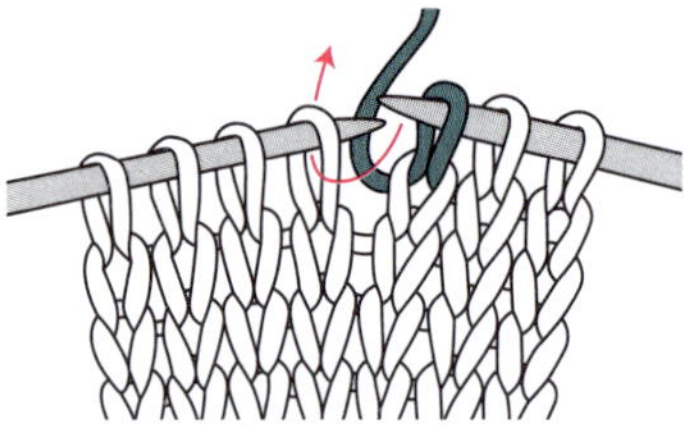

Le fil est à l'arrière de l'ouvrage.

Maille envers

Avec le fil à l'avant de l'ouvrage, piquez l'aiguille droite dans la maille de l'aiguille gauche, de l'arrière vers l'avant. Passez le fil sur l'aiguille droite, en partant de la droite, entre les 2 aiguilles. Puis, avec l'aiguille droite, tirez la boucle vers l'arrière de façon à la sortir de l'aiguille gauche.

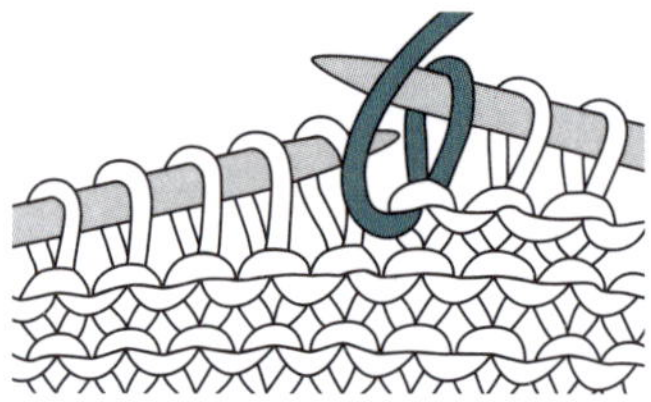

Le fil est à l'avant de l'ouvrage.

Jeté

Le jeté est une façon de passer le fil à tricoter sur ou autour de l'aiguille droite avant de tricoter 1 maille.

1. Passez le fil autour de l'aiguille droite selon la flèche.

2. Tricotez la maille suivante.

3. Le jeté est représenté en couleur.

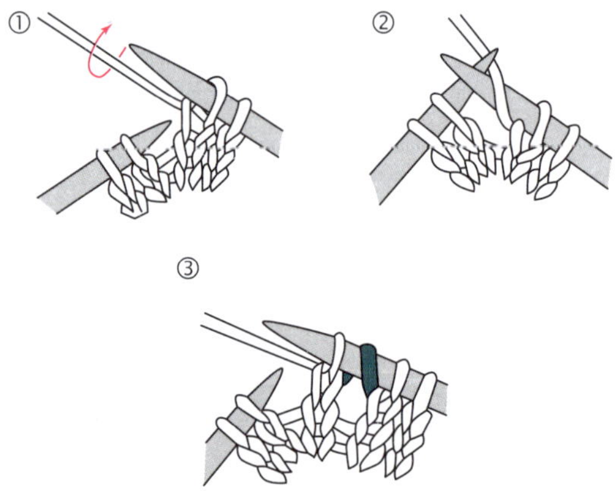

Point de jersey

Lors d'un travail en aller-retour : alternez 1 rang de mailles tricotées à l'endroit puis 1 rang de mailles tricotées à l'envers sur la hauteur indiquée. (Débutez par 1 rang endroit ou envers selon les indications du modèle.)
Lors d'un travail en rond : tricotez toutes les mailles à l'endroit, pour tous les tours, sur la hauteur indiquée.

Point mousse

Lors d'un travail en aller-retour : tricotez toutes les mailles à l'endroit, pour tous les rangs, sur la hauteur indiquée.
Lors d'un travail en rond : alternez 1 tour de mailles tricotées à l'endroit puis 1 tour de mailles tricotées à l'envers sur la hauteur indiquée. (Débutez par 1 tour endroit ou envers selon les indications du modèle.)

Côtes 1/1

Lors d'un travail en aller-retour ou en rond : alternez 1 maille tricotée à l'endroit et 1 maille tricotée à l'envers sur toute la longueur du 1er rang ou tour (débutez le rang ou le tour par 1 maille endroit ou envers selon les indications du modèle). Faites de même sur les rangs ou tours suivants, en tricotant toujours les mailles comme elles se présentent.

Les bases du

macramé

Nœud tête d'alouette

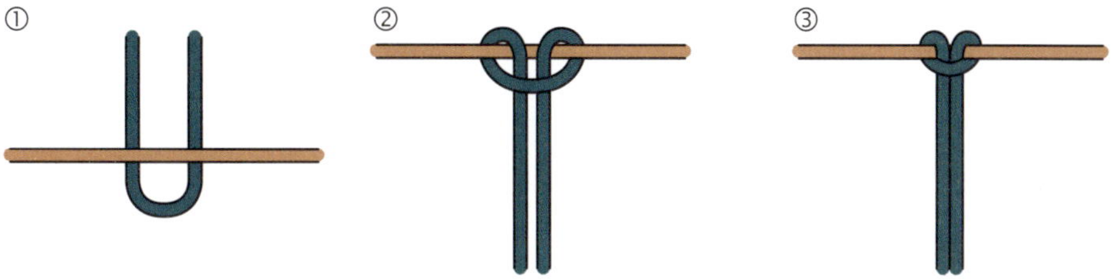

Demi-nœud

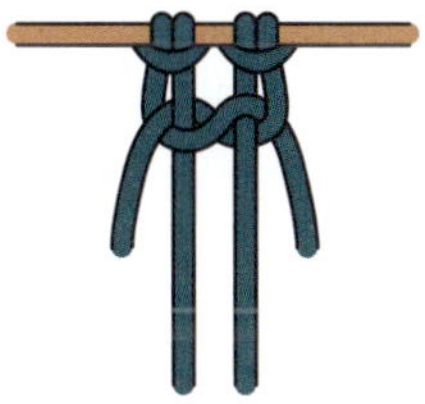

Nœuds plats

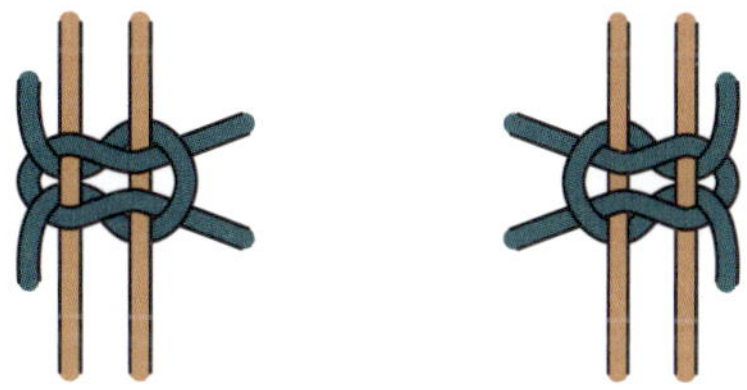

gauche droite

Ligature ou surliure

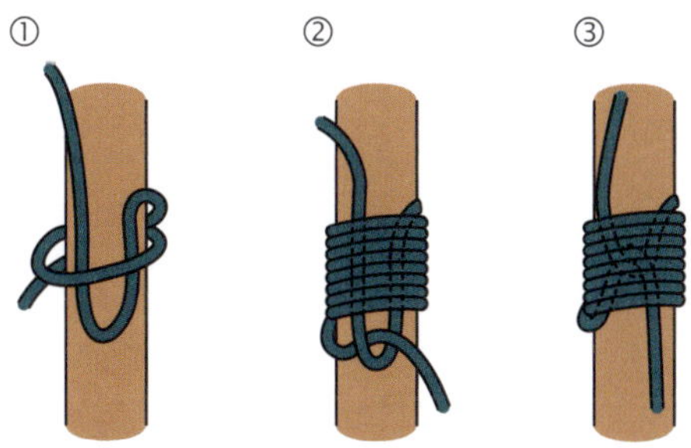

Tous nos remerciements
à notre partenaire Créalia
pour la mise à disposition des fournitures de ce livre.

Les éditions de saxe
3 chemin du Torey
69340 Francheville
www.edisaxe.com

Créateurs : AnnaB, Atelier Camelir, Atelier Miinsa, Cosy Jungle, Juliette Michelet, Les ptits bonheurs de Mani, Lucile Carli, Maellinet, Les petites miettes, Miluccia, Mon joli macramé, Olgauhry, The creative fiber, Tous les mots doux
Photos : Richard Boutin
Stylismes : Vania Leroy
Mise en page : Christine Lim
Dessins techniques : Céline Cantat

MES PETITES ATTENTIONS
BLOG067 – ISBN : 978-2-7565-3879-2
Imprimé en RPC
Dépôt légal : à parution